Continuing the Quest for
Peace and Children's Happiness

平和と子どもの幸せを求めつづけて

困難な時代に子育て・
教育の希望をさぐる

山下雅彦 著
YAMASHITA Masahiko

かもがわ出版

はじめに

本書は著者が定年退職（65歳）の年にあわせて、この10年ほどの間に執筆・発表したさまざまな論考の中から選んで編集したものです。その時々の求めに応じ、また、書かなければという思いから夢中で書いた小文ばかりで、果たして私的な記念文集を超える出版に値するか躊躇がありました。しかし、あらためて読み返すと、どの原稿もまだ〝賞味期限内〟であり、自らのささやかな社会的責任をまとめて果たす意味もあるのではないかと思い直した次第です。

もとより、執筆時からかなり経過し、事態や研究の進展とともに内容が古くなっているものも含まれますが、過去の認識を見直すこと、あるいは実現しなかった「未発の契機」にも意味があると考え、あえてそのまま入れることにしました。データや登場人物の年齢・肩書きなどは当時のままとし、文脈上、重複する内容も多少残したことをお断りします。講演記録はくだけた口調を生かしています。掲載論文の初出雑誌等一覧は巻末にまとめました。

「平和と子どもの幸せを求めつづけて—困難な時代に子育て・教育の希望をさぐる—」という本書のタイトルはいささか気恥しいですが、うそはありません。系統的な研究からはほど遠い筆者の軌跡も、ふりかえれば〝1つの道〟を歩んできたことが分かります。出版が「子どもの権利条約」採択から30年、日本の批准から25年の節目に当たったのはうれしい偶然です。

本書の各章各節は独立性がありますから、どこから読んでいただいても結構です。とはいえ、全体の構成と各章のポイントについてあらかじめご紹介しておきましょう。

第1章の1と2は、戦争と平和、人権がテーマの講演をした先で知ることになった筆者の親戚の若者と知人の父親の戦死について調べた記録です。偶然とはいえ、いずれも研究室にこもっていては知り得なかった身近な戦争の歴史を扱っています。ほかに、「圧倒的な記録と挿絵で迫る〝戦場のリアル〟、そして一筋の人間性」という吉岡義一著『零（ゼロ）の進軍―大陸打通作戦 湖南進軍―（死闘1400㎞ 一兵卒の壮絶な大記録）』（新老人の会熊本支部発行、熊本出版文化会館）を読んでの読書ノート（『KUMAMOTO』第12号、2015年9月）も書いていますが、割愛しました。

同章の3と4は、「教育基本法」と「教育委員会制度」改定〝前夜〟（それぞれ2006年と2014年）の動きを、平和と教育の危機として取り上げたものです。いずれも、安倍首相による現下の憲法9条改悪の動きへの布石といえます。

第2章の1は、筆者のライフワークの1つとなった「子どもの権利条約」、とりわけその第31条（休息と余暇、遊びと文化の権利）の意義と実践的課題についての講演録です。自分史も交えて自由に語っています。引き続く2は子どもの環境と子ども時代を問い直し、3は新学習指導要領のもとでの子どもの生活・権利の侵害問題に切り込みました。

第3章は、計画段階から新聞やテレビで筆者もコメントを求められることの多かった熊本発「赤ちゃんポスト」問題から「体罰」「ひとり親家庭」「不登校」問題のほか、デンマークの保育園・学校・学童保育の視察ルポ、さらには子どもの権利の視点から連載中の映画紹介をまとめて載せました。いわば子どもの〈いのち〉と人権・権利をめぐる各論です。

第4章は、2016年に思いがけず直面した熊本地震を取り上げました。それが子どもと若者（学生）に何をもたらしたかについて書いた3本のレポート・論文を1本に再構成したものです。遊びと子ども観の再発見については、国連・子どもの権利委員会にも報告しました。

子どもの権利委員会といえば、本書の出版を急いでいるさなかの2019年1月にジュネーブで第4・5回日本政府報告書審査が行われ、その結果としての最終所見と勧告が公表されたばかりです。読者のみなさんにとって、それをどう受けとめどう生かすかという点でも、拙著は少なからず役だつのではないでしょうか。

最後に、本書出版をきっかけとして、読者のみなさんとの対話や共同の取り組みがひろがることを夢見ています。

■もくじ■

第3章　子どもの〈いのち〉と個人の尊厳に根ざした社会へ

第1章

教育は平和のために

1　私につながる戦争
――台湾沖航空戦で死んだ山下清馬（21歳）のこと

熊本近代史研究会例会報告（2011年2月12日）

はじめに

これは研究報告ではありません。私事の〝つぶやき〟に近いものです。2010年末、「南京大虐殺」に関する新資料の発掘と公表にかかわったことで近代史研のみなさんとご縁ができ（次節参照）、「もう1つ、こんな話も……」と口走ったところ、このような報告の場を与えていただくことになりました。

私は歴史学の門外漢ですので、基本知識の欠如や思わぬ間違いがあるかもしれません。お手やわらかにお願いします。

1　清馬との〝出会い〟

2006年11月、私の出身地である高知県土佐清水市の「とさしみず九条の会」のお招きを受け〈戦争と教育〉をテーマとする講演をした直後、聴衆の一人野村悟さん（私の祖父・山下亀松＝故人＝の従弟）から「オレも西宮の予科練甲種14期生として和歌山の由良湾で、お前の話にあった潜水特攻『伏龍』の訓練を受けていた」「山下清馬というもう一人の従弟が、鹿屋から飛び立ち特攻隊で死んでいる」と聞かされた。どこか〝他人事〟であった特攻隊が身近にも存在したことを知り、ショックを受けた。

大学の「教育学演習」で『きけ わだつみのこえ―日本戦没学生の手記』を読んだり、ちょうど封切られた映画『出口のない海』（人間魚雷「回天」が主題）を観たりする中で、特攻作戦に関心を深めていた私は、まさに〝わがこと〟としてこの問題に向き合うこととなったのである。年末には学生たちと鹿児島の「知覧特攻平和会館」「万世特攻記念館」を訪れた。いずれも、特攻隊員を「尊い犠牲者」として顕彰する施設である。

年明けの正月3日、あらためて野村さんに会い、「清馬は三重の海軍航空隊から鹿屋に行った」「清馬からの手紙を大事にとっておいたが、2001年の大水害で流されてしまった」と聞かされた。

2　清馬を探して

清馬を訪ねる旅がはじまった。まず、自衛隊鹿屋基地資料館と三重航空隊資料館に電話で問い合わせたが、手がかりはまったくなかった。「土浦航空隊からたどるか……」と考えながらも仕事に追われ、時間だけが過ぎる。

しばらくして、高知県四万十市在住の大西正祐《まさすけ》さんという方が出版した『二人の特攻隊員』（高知新聞企業刊、2009年3月）という本が父から送られてきた。しかし、そこに挙げられた航空機で特攻戦死した高知県出身者52名のリストに清馬の名前はなかった！

そこで、大西さんにメールで事情を伝えると調査協力を約束してくれた。彼はほどなく清馬の（＝私の）出身地・土佐清水市宗呂《そうろ》にある戦死者の墓地に足を運び、墓碑銘に記された清馬の略歴から戦死の〝謎〟を解明した。私がまず当たるべきは、この墓碑銘であったのだ。そこには、こう書かれてあった（傍点は山下）。

「海軍上等飛行兵曹　山下清馬　墓
昭和十六年五月一日第十六期乙種飛行予科練習生トシテ茨城県土浦海軍航空隊ニ入隊　十七年五月一日二等飛行兵　十八年五月一日飛行兵長三重県鈴鹿　鹿児島県金谷《（ママ）》海軍航空隊ニ転属　昭和十九年十月十三日台湾沖東方海上ニテ戦死ス　行年二十一才」

この記録から、清馬が戦死したのは特攻隊ではなく陸海軍混成の「台湾沖航空戦」によるものと推定されたのである。戦史に詳しい大西さんは、この数行の墓碑銘を筆写し私へのメールでこう解説した。

「台湾・沖縄近海に接近する米機動部隊と艦船機の空襲に対して、日本陸海軍航空部隊は、昭和19年10月12日から波状的な攻撃及び迎撃に出撃し、３１２機が未帰還となっています。山下上等飛行兵曹が陸上基地攻撃隊の主力部隊であったT部隊所属だったのか、迎撃戦闘隊だったのかはわかりませんが、戦死は『台湾沖航空戦』２日目のことです」

3　台湾沖航空戦とは――「幻の大戦果」の上に多くの若者の死を重ねた無謀な戦闘

大西さんからは、２００２年８月にＮＨＫで放送された「幻の大戦果―台湾沖航空戦」という番組をダビングしたＤＶＤが届いた。この番組の内容や大西さんの話、さらにはネット情報などから、この作戦・戦闘の驚くべき実態が浮かび上がる。

○マリワナ海戦（１９４４年６月）で壊滅的大打撃を負った日本海軍は、劣勢挽回のため１９４４（昭和19）年10月、源田実参謀が考案した「Ｔ部隊」による迎撃作戦に突入した。Ｔとは「台風」のことで、敵が航空機を運用できない台風に乗じて敵索機からの照明弾により攻撃しようとするきわどい作戦だった。ちなみに、源田は特攻作戦の考案者の一人ともいわれる。

○Ｔ部隊は各基地から抽出された優秀な搭乗員によって特別に編成された「精鋭部隊」だったと解説されているが（ウィキペディア）、隊員名簿に記入された搭乗員の技能レベルＡ～ＤのうちＡは16％に過ぎずＤ（初陣）が４割を占めるなど、初めから無謀であったと言わざるをえない。その結果、10月12日からの５日間で、１２５１機のうち（大西さんのメールにあったように）３１２機が未帰還で多数の若者の命が奪われたのである。

○致命的な問題は作戦だけでなく、「敵空母○隻轟沈、△隻撃破」といった戦果の相次ぐ誤認・誤報があったことで、そうした「幻の大戦果」がその後の大本営の判断を誤らせた。「戦果」に対して天皇の嘉賞の勅語が発せられたほどであった。

○その原因・背景としては、写真等の正確な証拠によらず現地からのあいまいな報告を希望的観測で推定しそれを重ねていったこと、現実を直視せず誤りに気づいた後も事実を隠ぺいしたこと、大本営内部の陸軍・海軍の〝張りあい体質〟（協力より競争）などがあった。

○戦況はおおむね以下のようであった。

・10月12日（初日）…台風は来ず厚い雲におわれた中での夜間攻撃。「われ燃料なく自爆す」との最期の連絡も。米軍による対空砲火。99機のうち54機未帰還。

・10月13日（2日目）…薄暮攻撃（夕方）に変更。出撃した45機の1機に清馬は乗り命を落としたものと思われる。撃墜されたか自爆したのか―。米軍側の損害は「巡洋艦キャンベルに魚雷命中のみ」。

・10月14日（3日目）…380機による昼間の総攻撃。うち240機もが未帰還！「無傷の空母に護衛機もなしに向かえばどうなるか、その結果はあきらか」（大西）

清馬は特攻隊員ではなかった。しかし、台湾沖航空戦は限りなく特攻に近い無茶な作戦であり、その後の特攻作戦を含むレイテ戦から沖縄地上戦の悲劇の〝前哨戦〟と見ることができるのではないだろうか。

4　追跡その後

ＮＨＫの番組には、出身地や技量判定が記された「輝部隊《かがやき》」隊員名簿というものが出てくる。大西さんの提案と助力で、番組制作にかかわったＮＨＫエンタープライズのディレクター・Ｔさんにお願いし、名簿の所有者である東京の関係者に問い合わせていただいた。高齢で病気療養中のその方に代わり奥様が調べてくださったが、残念ながらそこに清馬の名前はなかったという。部隊内の所属や役割は依然不明のままである。

1年以上経過した2011年の1月、野村さんから聞き及んでいた土佐清水市益野《ましの》にご健在の清馬の弟・山下好郎《よしろう》さん（84歳）に電話をした。私の父の幼なじみでもある。しかし、「昭和17年に満蒙開拓義勇団に行き、その後は22年までシベリアに抑留されていたので、兄とは出征前から接触していない」とのことだった。清馬については一縷《いちる》の望みが絶たれた気がしたが、満蒙開拓義勇団といいシベリア抑留といい、またしても「私につながる戦争」を実感した瞬間だった。


【追記】

その後の3月半ば、好郎さんと姉にあたる新谷《にいや》寅枝さんにそれぞれ面会することができた。好郎さんが「きよさん」と親しみをこめて呼んでいたのが耳に残る。一昨年出版された宗呂小学校休校（廃校）記念誌に出てくる卒業集合写真で彼が着ている着物は、2年前の清馬のお下がりだと言う。インタビューは、満州からソ連に至る好郎さんの開拓団と抑留の体験の聞き取りに移った。

また、90歳になる寅枝さんの口からは清馬が土浦航空隊に入隊する途中、京都駅で会う約束を時間の勘違いから果たせなかった心残りが語られた。面会に同席してくれた息子さん（1944年生まれ）は「昔、清馬の日誌みたいなものを読んだことがある」と注目すべき〝証言〟をしてくれたが、「今となっては、あるかないかも分からない」と。

さらに、寅枝さんから「清馬所有の本などは戦後、『捨てるのは忍びない』と長兄の市松がカマス（叺＝ムシロの袋）に収納した」と聞いたので、翌日、野村さんから市松さんの息子雅生《まさお》さん（70歳代）に直接尋ねてもらったが、「清馬にまつわるものは何も聞いていない」との返事だったという（余談だが、市松さんは病弱だった0歳の私を一時的に預かってくれた「仮親」である）。

こうして、清馬が遺《のこ》したものを手にして戦死前の彼の状況と思いにふれたいという私の願いは叶えられないままだ。あまりにも年月が経ちすぎた……。清馬を訪ねる旅は、まだ完全にあきらめたわけではないが、ここで一区切りとするほかない。

5 足元から平和をもとめて――私につながる〈いのち〉

私が清馬にこだわるのは単なる血縁主義や祖先崇拝からではなく、以下のような理由による。このことをお話しして、まとめに代えたい。

第1に、私が日々接している大学生と同じ年齢で亡くなった若者の生と死をどうとらえるかという問題である。〝おじいちゃんになれなかった若者〟清馬を、私はどう呼べばいいのか？　生きていれば87歳。長寿社会の日本でその可能性は十分にある。「死人に口なし」というが、私たちが聴こうとしさえすれば死者は語り始める。いや、死者はそれを待っている。

第2に、「歴史にＩＦ（もしも）はない」といわれるが、果たしてそうか。歴史を塗り替えることはできないが、「あの戦争がなければ」と考えることは無意味ではないと思う。

第3に、戦争は何十年たっても〝終わらない〟という事実だ。知らないことが多すぎる。

第4に、にもかかわらず、戦争について知ること、学ぶこと、そして伝えることの意義は深く大きい。特攻隊員を含む若者の死の意味とは―「英霊」か「戦後の礎《いしずえ》」か「犬死」か、それとも……？

戦争における「加害」と「被害」と「抵抗」……。とくに今必要なのは、子ども・若者たちが教科書からだけでなく、「自分につながる戦争」―それはきっとある！　今回、私がそうであったように―

に目を向けリサーチする〈血の通った歴史学習〉ではないだろうか。

第5に、過去に学ぶことと現在を生きること、未来に目を向けることを切り離さないことだ。私の若い友人チャーリー(Charles Ward、英国生まれ)は日本の憲法9条にあこがれて来日し、折紙のハトをおりながら全国自転車旅行をした。「1人からでも世界は変えられる」と、現在はレジ袋が主人公のマンガを通じて「エコ」キャンペーン中である。彼は言う――「知ること、学ぶことも大事だけど、行動することはもっと大事」(詳しくは彼の著書『チャーリーです 地球人です』本の泉社、2008年参照のこと)。また、2年前に来熊した元イラク帰還米兵のアッシュ(Ash Woolson)からも、深い心の傷を超えて「暴力で平和は築けない」と訴える姿に多くを学んだ。こんな出会いとつながりも大切にしていきたい。

最後に、貴重な研究会の例会と会報を割いて、つたない報告の機会を与えていただいた熊本近代史研究会のみなさんに重ねてお礼を申し上げます。

2　南京大虐殺にかかわった一兵士の従軍手帳と手紙を読む

1　資料との出会いから公表までの経緯

「とさしみず九条の会」での講演会から1年後の２００７年12月、植木町（現・熊本市北区）での人権講演会に招かれた私は、同町在住の牧野久仁博さん（77歳）から「戦死した父の従軍手帳と手紙の中に、南京大虐殺とのかかわりをうかがわせる記述がある」という話を聞いた。「ぜひ拝見したい」とお願いしてから10日後にご自宅を伺うと、彼はすでに該当ページのコピーを用意して待ってくれていた。

父親の信人《のぶと》さんは、熊本の第六師団の補充兵（騎兵第六連隊伍長）として日中戦争に従軍し、１９３９（昭和14）年5月6日に30歳で戦死している。幼かった久仁博さんにとって、父親の記憶は出征前のあるとき抱かれた汗の臭いぐらいしかないという。

戦後生まれの私にとって本物の戦死公報（電報）を見るのは初めてだったが、従軍手帳と妻幸子《さちこ》さん宛の手紙に残された南京事件の生々しい記述は、私のささやかな知識からしても「これは大変なものだ」という印象を与えた。しかし、この資料を手元に置いたまま、3年の月日が流れた。

急展開があったのは3年後、２０１０年の秋である。11月5日の夜、熊本市国際交流会館で開かれた熊本近代史研究会創立50周年シンポジウム「第六師団と軍都熊本」に、私は健軍町から市電に乗って出かけた。熊本に暮らして20数年、当地の政治風土や文化の根っこに近代日本の戦争に深くかかわってきた第六師団の存在があるのではないかと感じていたからだ。登壇した司会者を見て驚いた。熊本大学の非常勤控室で毎週すれ違う方だったからである。

その歴史研究者・長谷川栄子さんに、翌週あらためてご挨拶した〝ついでに〟「牧野資料」のことをご紹介すると、「そのへんのことを研究している人もいますので、ぜひ拝見したい」と言われる。さっそく手渡して近代史研の何人かに見てもらったところ、私が思っている何倍も希少で歴史的価値のあるものだということが判明した。

それから話はとんとん拍子で進み、12月7日、県庁記者クラブで公表することになったのである。たまたま翌週が日本軍の南京入城73年目に当たり、何より当事者遺族が来られるということもあってか、記者室には予想をはるかに超える18人もの各紙各局の記者とテレビカメラ数台が待ち受けていた。こちら側には、牧野さんを囲んで小松裕・熊本大学教授（近代史研会長）と廣島正さん（近代史研事務局長）と私が並んだ。

2　従軍手帳と手紙に書かれていること

信人さんの従軍手帳は日中戦争の端緒となる「盧溝橋事件」直後の１９３７（昭和12）年7月20日の「動員下命」から、亡くなる前日の１９３９（昭和14）年5月5日までのメモが断続的に書きつけられている。1日1行だけの日もあれば十数行に及ぶ日もある。

1937年10月7日に門司港を出て、塘沽《タンクー》（天津港）を経由し上海上陸（11月24日）ののち、いきなり参加したのが南京攻略戦であった。手帳にはこう記述されている。

十二月十三日　棉花地ノ戦斗参加
　　　　　　　南京陥落ス
十二月十四日　村上少尉ト斥候トナル
　　　　　　　（約三百捕領《ママ》ス全部殺ス）

わずか1行だが、カッコで包むにはあまりにも重い内容が書き込まれているといわなくてはならない。棉花地（綿花地）とは、下関《シャーカン》から南下した約6千の中国軍を牧野伍長属する騎兵第六連隊が中心となって撃滅した揚子江岸の激戦地である。

翌1938（昭和13）年1月5日付けで、南京の南方蕪湖《ウーフー》に滞在していた「谷兵団猪木部隊川村隊村上小隊」の信人さんが妻幸子さんに送った新年を祝う手紙の中には、このときの生々しい模様が次のように報告されていた。

南京攻撃中の戦斗は一回やりました。丁度南京城より少し隔れた所に綿加地と言ふ村落があります。未た夜も明やらぬ午前四時半頃、当地を漸進中敵二千揚子江対岸に向ひ後退中なりの情報に接しました故、吾が騎兵隊は今に戦斗開始盛に小銃機関銃を乱射し始め、夜の炎々と明渡る時、敵は皆せんめつせしめ、突撃をなし約二時間に渡り戦斗を続け、吾が戦死一名、敵は揚子江に流るやら戦死者目もあてられず皆ごろしの情態でした。私しも銃刀で何人かころしました。実に面白い戦斗

でした。（句読点は山下）

戦闘は「地獄絵さながらの阿鼻叫喚《あびきょうかん》」（品川正治《まさじ》著『手記　反戦への道』新日本出版社、２０１０年）であり、「面白い」はずはない。息子の久仁博さんは、「（前後の文脈からすると）家族を安心させるための表現だったのではないか」と見ているが、ここには戦争の狂気、とりわけ多数の捕虜や市民に向けられた南京大虐殺の異様な雰囲気もまた反映しているのではないか。

ここで、その後の信人さんの足跡をたどっておこう。

南京戦直後から翌１９３８年の４月まで蕪湖に長期滞在する。そこでの警備に当たりながら正月初めに出したのが、さきほど紹介した手紙である。家族からの手紙が一通も届かないので淋しく心配だとこぼしつつ、「二月頃には帰るかも知れません。然し確実な事は分りません。何卒其の日を楽しみにして子供を大切にして御健に御暮し下さい」（句読点は山下）と切々たる思いを綴っている。

しかし、帰国の願いが叶うことはなかった。その後も戦闘と行軍を重ね和県・巣県・夏閣鎮をへて盧州城（現在の合肥《ホーフェイ》）の陥落に立ち会ったのが５月15日。さらに安慶《アンチン》作戦に参加し（６月13日陥落）内陸部への進軍が続き、武漢《ウーハン》の占領に至る（10月28日）。年が明けて１９３９（昭和14）年の２月24日から４月30日まで丘陵地帯の陽新《ヤンシン》に２か月間滞在。

そして５月に入り、大冶《ターイエ》から「宣撫充分」で安心な鉄山、保安鎮で田植えを見ながら休養したのを最後に、手帳は「五月五日　節句米山寺二向ヒ前進ノ予定」と書き残して途絶える。冒頭でふれたように、信人さんの戦死の報は「マキノノブ　ト五ツキ六ヒメイヨノセンシヲトゲ　タルムネコウデンアリ」（10日付）という短い電文によって家族にもたらされることになる。その５月６日に何があったのか、彼がどんな死に方をしたのかは不明だ。

従軍手帳の随所には､「討伐」「掃討」といった勇ましい形容だけでなく「我が軍の戦斗易容《ママ》ならじ」「四食不食」「難行」「山口軍曹の死体ヲ火葬」「マラリア患者小隊全員悩マサレ」「悪路ト苦戦酷熱ト二戦ヒテ」といった表現も散見され、1年8か月に及ぶ従軍体験の過酷さを物語る。

3 〈思い〉と〈つながり〉が動かす歴史研究

偶然の出会いが〝つながって〟貴重な資料が日の目を見ることになった今回のできごとは、私たちに何を問いかけているだろうか。歴史研究の専門家ではない身のほどを承知の上で、あえて筆者なりの教訓と課題をまとめてみたい。

まず第1に、できれば隠しておきたいような父親の戦争加害体験をあえて明るみに出した牧野久仁博さんの平和への強い思いである。そのきっかけは湾岸戦争（1991年）だったという。殺戮行為を覆い隠す「ゲーム」のような現代の戦争に、〝二重の怖さ〟を感じたのだと—。そして、新聞などの取材でも答えておられるが、村役場の兵事係をしていた「よき父親」「純朴な青年」が何も知らずに中国（人）を「敵」と信じ込まされ人殺しをする「日本鬼子《リーベンクイズ》」になったという問題を、若者をはじめ多くの人に考えてもらいたいのだと語っている。それは、長く社会教育や人権教育にかかわってきた彼の戦後の歩みと無縁ではないと思われる。

第2に、いろんな人によってこれまで持ち出されてきた南京虐殺「否定」論や「少数」説に対し、今回の第一次資料が有力な反撃の証拠となるという点である。それにしても、当時の検閲をかいくぐって、よく残ったものだ。とくに今回、これまで「一貫して南京大虐殺への関与を否定して」きた第六師団（廣島—中国網日本語版〈チャイナネット〉2010年12月14日付け記事）の一兵士のリ・ア・ル・タ・

イムの記録に格別の価値があるといえよう。

このことにかかわって、記者発表で小松教授が提供した最新資料は決定的に重要である。すなわち、第六師団司令部による「済南事件」（1928年）の「戦闘ニ関スル経験」という「部外秘」の文書中、捕虜の扱いの部分にはこう記されていた（アジア歴史資料センター所蔵、傍点は山下）。

戦闘後俘虜ハ直ニ射殺シ若ハ刺殺スルノ傾向アリテ爾後ノ情報蒐集ニ大ニ不便ヲ感セリ敵兵ノ団体号、指揮官ノ氏名、敵ノ企図、敵ノ死傷者ノ数等ハ俘虜ノ訊問ニ依ルヲ最モ適当ナルヲ以テ先ヅ訊問シ然ル後処置スルノ著意ヲ必要トス（歩一一旅）

これは、南京攻略戦における捕虜殺害という国際法違反が兵士の勝手なふるまいによって偶発的に起きたのではなく、〝捕虜はよく訊問してから処置（＝射殺か刺殺）すべきだ〟という司令部の組織的な認識のもとで行われたことを示す有力な証拠なのである。

ところで、すでに『広辞苑』（第六版、2008年）には「日本軍が中国軍の投降兵・捕虜および一般市民を大量に虐殺し、あわせて放火・略奪・強姦などの非行を加えた事件」が「南京大虐殺」であると明記されている。日本政府も南京大虐殺については「多くの非戦闘員の殺害や略奪行為等があったことは否定できない」とし、「植民地支配と侵略により、多くの国々、とりわけアジア諸国の人々に対して多大の損害と苦痛を与えたことを率直に認識し、痛切な反省と心からのお詫びの気持ちを常に心に刻みつつ、戦争を二度と繰り返さず、平和国家としての道を歩んでいく決意」を表明している（外務省ホームページ「歴史問題Q＆A」）。

にもかかわらず、こうした〝明白な史実〟〝世界の常識〟が「なぜ日本社会において、国民の歴史認識として定着せず、『国民の記憶』となっていないのか、それどころか、日本社会ではなぜ南京大虐殺否定説が広く流布され、影響力をもっているのか」（笠原十九司著『南京事件論争史』平凡社新書、2007年）という問題は、引き続き私たちが検討し続けなくてはならない課題だと思う。それは憲法9条の存在意義にもかかわる。

第3には、私たちの日ごろの出会いやつながり、研究活動や取り組みの中から、埋もれていた歴史的事実が明らかになったり深まったりすることがあるという〝不思議〟である。

実は、牧野久仁博さんと小松教授は以前から面識はあったのだ。また、私が入手した資料の価値もその道の専門家の手に渡らなければ〝宝の持ち腐れ〟に終わったことだろう。

記者発表の3日後、熊本市内で開かれた「南京大虐殺証言集会」（主催：NPO法人平和と人権フォーラム）で、10歳の少女時代、父親と妊娠中の母親を目の前で奪われた程王氏さんの体験を私は息を飲む思いで聴いた。

偶然から始まった〈戦争をたどり平和をもとめる旅〉は、今も続いている。

3 教育基本法改定案と子どもの権利

――足元から〈平和と教育〉を問う

2006年4月28日、政府・与党は教育基本法「改正」法案を国会に提出した。国民不在の〝密室〟でつくられた改定案は、児童虐待からニート、はてはライブドア事件まで基本法のせいにする〝動機〟の倒錯だけでなく、教育が戦争のための国家権力の道具とされた歴史への反省から生まれた教育基本法を根底からひっくり返すものであり、改悪そのものだ。市民・NGOの一員として社会・子育て・教育に子どもの権利をひろげる努力をし、日本国憲法と教育基本法の精神にもとづいて教員養成に微力を尽くしてきた私にとっても、とうてい看過できない。

会期延長の可能性を含んで事態は緊迫している。改定案の何が問題かについて、これだけはという〈思い〉を書き留めておきたい。なお、本寄稿のきっかけは、4月下旬に招かれた鹿児島市内での憲法・教育基本法講演会の聴衆の中に鹿児島大学のK教授がおられて、本誌につないでくださったことによる。

1 「そろえる」教育

その講演会が開かれる公民館に近づくと、外壁に掲げられた「一人一学習」のスローガンが目に飛び込んできた。そして会場の後ろには、「明鏡止水」という故事成句が貼ってある。予定になかったことだが、「ここは鹿児島でしたね。20年前、私が住んでいた頃の〝標語社会〟の息苦しさがよみがえってきました」という〝感慨〟から話を始めることとなった。この種の言葉が巷にあふれているのに驚き、「戦前が生きている」と実感したことを思い出したからである。

もっとも、こうした標語社会は鹿児島だけではない。私が住む熊本市内のある小学校の校門のまわりのフェンスには、子どもたちから募集した交通ルール遵守や遅刻・いじめ・薬物防止などを呼びかける標語のカラフルなプレートが44枚も道路側に張り出されている。同様に、某県立高校の入口に立てられたポールには「校門一礼」の四文字が墨痕あざやかに書かれ、登校した生徒のみならず一般通行人をも威圧するのだ。

こうした標語に違和感を覚えるのは私だけか。だれも問題にしないのだろうか。善意や教育的意図から、〝これが目に入らぬか〟とばかり示された標語や徳目の背後にあるのは、明治半ばから半世紀以上も猛威をふるった「教育勅語」と同根の〈教化主義〉である。「校門一礼」の対象が「奉安殿」でないだけで、生徒に疑問を許さず依らしめる権威（オカミ意識＝旧い公共の観念）は〝健在〟というべきだ。先にあげた例に共通なのは、市民と子どもの内心・良心の自由や学習権、多様性や公共の世界への鈍感さであろう。憲法・教育基本法、そして「子どもの権利条約」はスッポリ抜け落ちている。

鹿児島市内のある小学校では、「そろえる」というのが教育方針になっているそうだ。今春の卒業式の最中、来賓の一人が体調不良で倒れ救急車で搬送されたとき、式は何事もなかったかのように進み、後で司会の先生は生徒たちを前にそのことを称賛したという。

今年の大学の入学式で、新入生たちの服装がどこも黒で「統一」されていたのも異様な光景だった。リクルート・ルックの前倒しか、はたまた流行のゆえかと考えてみたが、それだけではないような気がする。自由と個性を自主規制し、無難に「そろえる」時代の空気が恐ろしい。東京都教委による「日の丸」「君が代」の強制・処分や職員会議での挙手・採決の禁止は論外だが、憲法・教育基本法の改悪を呼び込みそうな土壌が足元にあるのも否定できない。これも、在日作家・徐京植氏の言葉として大田堯《たかし》氏が紹介する「安楽死しつつある」日本の民主主義の危機なのか（大田堯著『証言―良心の自由を求める【国歌斉唱義務不存在確認訴訟・法廷】』一ツ橋書房、2006年）。

2 いのちあっての教育――平和こそ

私の手元に「知覧特攻平和会館」のポスターがある。出発を控えた5人の隊員が、一匹の物悲しそうな子犬を笑って抱いている写真だ。あどけなさを残した彼らの表情は、私が日々接している学生たちと寸分も変わらない。「教育原理」の授業では、このポスターに付された「国を思い、父母を思い、永遠の平和を願いながら、勇士たちは―」という解説を、想像力をはたらかせて学生たちと読み解く。隊員らの真の「思い」「願い」とは何だったのか、また「勇士」という美称の妥当性について―。

教育基本法の精神は、何よりもまず「いのちあっての教育」「戦争だけはNO！」「教育は平和のために」ということであろう。改定案はこれをはずした。現行法のいくつかの条文を残しても、まったく別物と言わなくてはならない。授業では、『きけわだつみのこえ』の手記、画学生たちの残した絵画、映画『男たちの大和』の話から、戦没学生・兵士らの葛藤と無念に思いをはせ、死者の声を聞きとる。

また、与党内では「我が国と郷土を愛する……態度」と手直しされたが、「愛国心」の押し付けという本質は変わらない。「教育の目標」の徳目に組み入れ、評価・点検されるべき「態度」とした分、いっそう指導が強制されることは目に見えている。現行法の前文にいう「普遍的にしてしかも個性ゆたかな文化の創造をめざす教育」について、大学院時代の指導教員であった故・山住正己教授（元東京都立大学総長）が、ある日のゼミで「この『普遍的にしてしかも個性ゆたかな文化の創造をめざす教育』という一見矛盾する言葉が大事で、そうした文化は偏狭な愛国心とは相いれないんだ」とおっしゃったことを、今あらためて思い出す。

3　権力の介入に道開く

行政の教育不介入は「政府の行為によって再び戦争の惨禍が起ることのないやうにする」決意（憲法前文）の不可欠の保証だが、改定案は、教育が国民全体に「直接に責任を負う」べきという規定、教育行政は「諸条件の整備確立」に限定されるという歯止めを見事に削除した。授業で私が「ああ、私にはこの4階の教室の窓からのぞいている君たちの親御さんや国民の顔が見える」と冗談半分のたとえ話をし、学生が「先生、こわいね」と応じることのあった、教師は「全体の奉仕者」との文言も消えている。これらはすべて、教育に死をまねく権力支配に道を開き、リンクする「教育振興基本計画」によって教育が時の政府の政策に従属させられることは必定である。

この基本法の魂の剥奪は、「公共の精神」の強調（前文と目標）とあいまって、戦後営々と積み上げられてきた国民の学習権を空中分解させ、民主主義と市民的モラルを下からみんなでつくる努力を無にする行為だ。教育における不平等と格差も、いっそう問題となるにちがいない。文具や給食費などで就学援助を受けている子どもが全国で13％もいる（東京都足立区では7割に達する学校も！）という驚くべき事実は、教育基本法の機会均等原則が守られていない政治問題であって、基本法そのもののせいではない。第5条「男女共学」の全面削除も、男女平等がいまだ実現しておらずジェンダーや性教育に対する攻撃の激しさを見るとき、百年早いというべきだ。

4　子どもの権利と参加が課題

こうした基本法改悪が、子どもたちをどこに導くかは明らかである。平和の担い手から戦争の担い手へ、学校の主人公から管理と教化の対象におとしめられる。「教育を受ける者」に「規律」を重んじさせるという条文の新設も、時代に逆行するものだ。「過度に競争的な教育制度」を改め、子どもを社会と学校に実質的に参加させるように求める日本政府への国連勧告（１９９８年）―総じて、子どもの権利条約の精神―はどこに生かされているのか。

この春、フランス政府の「初回雇用契約」（ＣＰＥ）を撤回させた原動力に、労働者・市民と連帯した大学生や高校生の力があったことはご存知のとおりである。子どもたちは、バス停で黙ってただバスを「待つ」だけの存在ではない―これは国連・子どもの権利委員会・カープ前議長の言葉だ（１９９８年）。

同じ頃、熊本県菊池市のある中学校の三年生たちは、大好きだった担任（35歳）が「臨時採用」という身分であること、年齢制限によって今年もう受験できないことを知り、教員採用試験の仕組みを手分けして調べたのち、短期間で7千名を超える署名を集めた。この署名は知事から教育委員会にわたり、40歳未満への受験資格引き上げという朗報がもたらされたのである。

「安楽死しつつある」かのような日本の民主主義、窒息させられつつあるような日本の教育と学校の危機を乗りこえる原動力と契機はどこにあるのか。本誌が発行されるころ、改定案の行方は一定の決着を見ているだろうが、結果の如何にかかわらず教育基本法（１９４7年）を生かす取り組みを〈足元から〉〈子どもたちとともに〉続けたい。

4　安倍教育改革をどうみるか
――平和と子どもを守る〝防波堤〟としての教育委員会制度の危機

1　改憲への道をひた走る安倍政権

それにしても、２０１２年暮れ、安倍さんの顔を首相として再度見ることになろうとは思ってもみませんでした。２００６年の「教育基本法守れ」の私たちのたたかいと第一次安倍政権による改悪強行を思い起こすたびに、悔しさがよみがえります。

その後の彼は、まさに予測以上の〝やりたい放題〟。解釈改憲での「集団的自衛権」行使への執念も、国民投票法改定でハードルを低くしようとする動きも、国民の目と口をふさぐ特定秘密保護法も、さらにはＮＨＫ経営委員人事への露骨な介入や本稿でとりあげる教育への国家統制も、すべては自民党憲法成立に向けた布石です。

アメリカへの忠誠心を失わない「誇りある国」が彼のめざす「衛星プチ帝国」（斎藤貴男）ですが、ここにきてそのオバマ政権との関係もギクシャクし、自民党内からさえ批判が出ています。過日、現天皇と皇太子が、誕生日の会見で相次いで平和・民主主義・繁栄の基礎に日本国憲法があるとして、

「守るべき大切なもの」「順守する」と明言したのも、戦争への反省のない安倍首相の暴走を懸念してのことでしょう。

アジアの近隣諸国の警戒と批判は当然です。従軍慰安婦問題や南京大虐殺を〝なかったこと〟にしようとする彼がいくら「未来志向の日韓関係」を口にしても信用されるはずはありません。やっていることが真逆だからです。

安倍首相は、２０１３年秋訪米時に「私のことを右翼の軍国主義者と呼びたければどうぞ」とその呼称を否定しませんでした。日本のマスコミは未だにそのような評価をしませんが、彼が従来の保守主義やタカ派でないことは明らかです。偏狭なナショナリストと経済成長第一主義のグローバリストの側面もあわせもっていると思います。

彼の口癖は「しっかりやる」「説明する」ですが、それは世論や批判に耳を貸さず自分のやりたいことを貫こうとする〝わがまま〟な姿勢の言い換えに過ぎません。

２　教育の自由と自主性を破壊する教育委員会制度改悪

政府は２０１４年4月15日、教育委員会を根本から変質させ教育を権力の支配下におこうとする教育委員会改悪法（地方教育行政法改正案）を国会に提出しました。大津市いじめ自殺事件（２０１１年）や桜宮高校体罰自殺事件（２０１２年）などで教委の無力ぶりが印象づけられ、それを口実に教育委員会制度廃止論さえ声高に言われ、〝改革が必要だ〟という世論が誘導されていました。しかし、議論が進むにつれ、他の教育政策や改憲とさえもつながっている危険極まりない本質が明らかになっています。結論を先に言えば、この法案は廃案しかありません。

見えてきた問題点を指摘してみましょう。

政府案は、①教育委員長をなくし、首長が任命する新「教育長」に教育委員会を代表させ執行させる（任期も他委員より1年短い3年にし、首長の任期中に必ず任命できるようにする）―。教育委員会（現在は教育長を任命し罷免もでき、指揮・監督している）と教育長の関係が逆転し、自治体首長が主宰する「総合教育会議」を通じてその首長の考えが直接教育に強制力をもつことになります。それどころか、②首長が策定する自治体教育行政の基本方針である「大綱」は国の「教育振興基本計画」を参考にすることが求められる―。政府の介入に道を開くのは火を見るより明らかです。

戦後、憲法と教育基本法にもとづいてつくられた教育委員会制度ですが、公選制が廃止された（1956年）あとも、①教育行政の一般行政からの独立、②地方自治、③民衆統制（住民自治）という3つの原理は、国民から見て不十分さをはらみながらも底流で生きてきました。たしかに、現実の教育委員会が子どもや親・教師の利益に反する役割を果たしてきた側面が多々あったのも事実です。しかし、今回の動きは、教育基本法（旧法）に明記されていた、教育は「国民全体に対し直接に責任を負つて行われるべきもの」なので、教育行政は内容に踏み込まず「諸条件の整備確立」にとどまるべきだという不可欠の原則を、教育基本法から〝しっかり〟抜き取った第一次安倍政権の教育政策の延長上にあるものです。

3　安倍教育改革の暴走を許さない足元からの共同を――教科書・学力テスト問題など

とりわけ今、2つの問題が教育委員会の〝ふんばり〟をかけて問われています。

1つは沖縄県竹富島の《教科書採択問題》です。2011年、八重山地区（石垣市・与那国町・竹富町）の教科書採択協議会が、自民党の圧力のもと、調査した教員の推薦しない育鵬社版の公民教科書を押しつけてきました。これに反発した竹富町はもう1つの東京書籍版を独自に採用したいとするのですが、文科大臣による頭越しの「是正要求」や〝同一地区同一教科書〟という国際的にも異例な教科書無償措置法をふりまわして、特定教科書押しつけに躍起になっています。

竹富町の慶田盛安三《けだもりあんぞう》教育長は、沖縄の戦争体験をふまえ「平和の大切さを伝えるのが教育の役目だ」と考え、「愛国心」や軍事抑止力を強調する育鵬社版ではなく、憲法9条や米軍基地問題などを書き込み「軍事力に基づかない平和に重点を置いている」東京書籍版を「自信を持って選」んだのです。沖縄「県教委メンバーの多く」も「国の強硬姿勢に反発」しています（『熊本日日新聞』3月16日）。

大阪市教委が橋下市長の違法な「思想調査」を否決したり、松江市教委が教育長の学校図書館からの『はだしのゲン』撤去を取り消したりの例に見られるように、現行教育委員会制度は憲法と教育を守る防波堤です。

もう1つの試金石は、《全国一斉学力テスト》です。国によるこのテストの導入は、そもそも「子どもの権利条約」に違反しており、競争と序列化を学校に持ち込み、子どもを苦しめるものです。文科省は、ここにきて、従来の方針を引っ込め自治体の判断で結果の公表を容認するに至りました（集団的自衛権に対する国の不真面目な態度変更に似ていますね）。しかし、熊本県内もそうですが、一部首長が賛成する一方で教育委員会の多数は公表に否定的なのです。

教育委員会制度に大きな穴があけば、時々の首長による教育への介入・引き回しが当たり前になるばかりか、戦前同様の国による「愛国心」教育が子どもたちを日々〝直撃〟することになります。それは「戦争できる国」に教育と子どもを誘導するものです。

教育委員会制度の安倍流「改革」に、全国から7割近くの教育委員が「反対」を表明し（「子どもの権利・教育・文化全国センター」によるアンケート調査、4月）、教育長の半数が「有効でない」と答えています（日本教育新聞社調べ、5月）。

私たちは、改憲をくい止める取り組みを強めると同時に、この教育委員会改悪法を廃案に追い込むための市民の共同を早急にひろげる必要があります。会期末の6月22日まで、残された時間はわずかです。あわせて、教授会を骨抜きにし〝学長独裁〟のもとで大学を政府と財界の支配下におこうとする学校教育法改悪案（近々審議入り）にも反対していきましょう。

第2章

子どもの権利を学び、活かす

1　子どもの生活と休息・遊び・文化の権利

――「子どもの権利条約」第31条をどう深め、活かすか

障害児の生活教育全国研究集会での講演（2015年10月25日、京都市）

はじめに――自己紹介から

東海大学九州キャンパスの山下雅彦と申します。熊本から参りました。熊本での生活は28年近くになります。その前は4年間、鹿児島の別の大学におりました。生まれは高知県です。

京都は〝第二の故郷〟というべきところです。京都教育大学で4年間過ごしました。私にとっては、ジャン＝ジャック・ルソー流に言うと、「第二の誕生」を迎えたのが京都でした。2浪の末、1974年に入学し、そこで〝頭でっかち〟から生まれ変わって、今に至っております（笑）。

学生時代は「児童文化研究会さわらび」というサークルに所属し、子ども会・人形劇・児童文庫といった活動に明け暮れました。それが今の仕事や活動につながっています。人数も多い大変活発なサークルで、年がら年中合宿をやっておりました。新入生歓迎合宿とか、人形劇の脚本検討合宿とか、年度末の総括合宿とか……、何かにつけて。

夏休みは、京都府北部の美山町（現・南丹市）に2週間ずっと出かけて、その地域の子どもたちに人形劇を見せたり1泊2日の子ども会をやったりと、代々受け継がれた伝統的な活動がありまし

た。それは「府下巡」と呼ばれておりまして、2つの小学校を拠点に、1週間ずつ寝泊まりさせてもらっていたんです。音楽室などに貸し布団を持ち込み、給食室も借りて麦茶を沸かしたりご飯の用意をしていたりしていました。今じゃ考えられませんよね、給食室を外部の団体に貸すなんて……。ただ、一学生団体が学校からそれだけの信頼を得ていたというのはすごいと思いませんか?

さて、私は早口です。せっかちと無関係ではないでしょう。せっかちというのは、今日の私の話のテーマとは矛盾しますね(笑)。お話の中心点は、〝今日を楽しむ〟—幸せを先送りしない(?)こと。計画や目標にとらわれ過ぎて、今のかけがえのないこのときを逃さない—ということです。それは子どもに限らず、私たち大人にもあてはまる、大きな時代のテーマではないか、そんなことをお話しする予定です。だから、先を急ぎ過ぎるせっかちは問題なのですが、しかし、こういう話をするなかで私自身も少しは変わってきたように思います。

寄宿舎生活と「子どもの権利条約」

半年ほど前に今日の講演の依頼があったとき、失礼ながら、みなさんの「寄宿舎教育研究会」という存在を知りませんでした。したがって、寄宿舎の生活と子どもの権利条約31条のつながりもピンときていませんでした。事務局の木谷梢さんから「時間がありましたら、ぜひ前日からおいでください」とお誘いがありましたので、昨日の第1分科会「子どものねがいがふくらむ生活づくり」から参加させてもらいました。

私は白紙状態、まさに先入観も何もたずに参加したのですけれども、大阪市立聴覚特別支援学校の片山恵里さんのお話を聞いて、だんだん見えてきました。「ドタバタ、ハチャメチャ、ワチャワチャ。暴走を繰り返す中学生集団だけれども」という不思議なタイトルのレポートだったのですが、聞き終わったときに合点しました。「ああ、このレポートが描く子どもたちの生活の中に、今日のテーマである「子どもの権利条約」の31条のみならず、12条の意見表明権、そして15条の子どもが仲間をもつ権利という3つがちゃんと入っている！」──このことを確認できました。

4人の小さな集団が「暴走を繰り返す」。お話を伺いますと、まあ「暴走」と言っても今の安倍政権の暴走に比べたらかわいいものです（笑）。

これは私が引き受けるべき、また引き受けると面白いんじゃないか──。そんなふうにとらえ直して、寄宿舎研の実践的な課題も意識しながら子どもの権利条約のお話をさせていただきます。

1　子どもの権利は生きている

マララさんのメッセージ

まず、マララ・ユスフザイさんのメッセージに注目していただきましょう。ご存じのように、彼女は2014年、史上最年少の17歳でノーベル平和賞を受賞したパキスタンの女性です。しかし、その後、タリバンという武装勢力に狙い撃ちされ、重傷を負いました。幸い一命を取りとめ、イギリスの病院で回復し、その後も暴力に屈することなく、女性の教育を受ける権利、子どもの権利、そして世界の平和を訴え続けています。

国連本部でのスピーチ「ひとりの子ども、ひとりの教師、1冊の本、そして1本のペンが世界を変える」が有名ですが、ほかにもCNNテレビのインタビューに答えて、こう言ってるんです。

「私には教育を受ける権利があります。遊んだり、歌ったり、おしゃべりしたり、市場に行ったり、思っていることを発言する権利があります」（2011年11月）

ここには、子どもの権利条約の第28条（教育への権利）だけでなく、31条（休息・余暇、遊びや文化の権利）、12条（意見表明権）、それに第15条（仲間をもつ権利）が過不足なく含まれていますね。

本日のテーマである31条は、こういう内容です（第1項）。

「締約国は、休息及び余暇についての児童の権利並びに児童がその年齢に適した遊び及びレクリエーションの活動を行い並びに文化的な生活及び芸術に参加する権利を認める」

1つの条文の中に、①休息・余暇、②遊びとレクリエーション、さらに③文化・芸術の生活の権利と、けっこう欲張って盛り込んでいます。本来、もう少し分けて取り上げたほうがいいのではないかとも思いますが、これらをバラバラにではなく一体のものとしてとらえることは必要だと思います。

なお、ChildとかChildrenという英語が政府訳では「児童」となっているわけですが、「児童」では権利行使主体である子ども自身のものになりにくい。やはり、日常的になじみのある「子ども」を私たちは努めて使うようにしています。同様に、「子供」でなく「子ども」と表記することにも〝こだわり〟があります。

映画『世界の果ての通学路』『みんなの学校』

昨年、私は『世界の果ての通学路』という映画を観ました（本書140頁～参照）。とても面白かったです。4か国の子どもたちが、それぞれ学校に通っている姿を追っているだけなのに……。ナレーションもBGMもない（今年の正月にNHKのEテレでやっていましたが、子ども向けのせいか、ナレーションが入っていました）。すばらしい作品です。

最初は、ケニアの子ども（兄と妹）が出てきます。朝早く起きて砂地の土を掘り水を汲んで、タンクに入れます。手には棒きれを持って行く。何のためかって？ 途中でキリンやゾウに遭遇したときに身を護るためなんですよ。日本では考えられない。もっとも、日本では車など別の危険がありますね。

次に、モロッコの女の子3人は、22キロの道を4時間かけてひたすら早足で登校します。結構危ない崖っぷちを歩くんです。その中の1人は、片手に生きたニワトリをもっていましたね。それを何にするのかは観てのお楽しみです。

それから、アルゼンチンの5年生ぐらいの男の子。妹を伴って馬で登校です（笑）。たくましくてカッコいい！　これはもう映像を観てもらうしかありません。最後は、インドの少年ですけれども、小児麻痺の後遺症でしょうか、体が不自由なんです。なんと、弟2人が車椅子を押して引いて、4キロの距離を1時間以上かけて通っていました。

そんな困難があっても、彼らが学校に行くのは〈自分の未来を拓く〉ためなんですよね。そのほかにもいろんなことに気づかされる優れた作品です。ぜひごらんください。

もう1本、大阪の大空小学校という大規模校から分離してできた学校のドキュメンタリー『みんなの学校』もご紹介しましょう（本書141頁〜参照）。ただし、これはまだDVDになっておらず、各地で自主上映会が取り組まれている段階です。どこかで情報を見つけて、鑑賞されることをおすすめします。障害をもつ子どもを、特別支援学級でなく普通の学級に配属しています。もちろん、先生の加配はありますけれども。

特徴的なのは、以前の学校でサポートされなくて、最後の最後にたどり着いた子を見捨てない。女性の校長が〝司令塔〟になって、いつも全校を見ていて、脱走する子どもを追っかける。子どもたちの障害や個性に向き合い、徹底的に1人ひとりを大切にする――。そして、子どもが見事に変わっていくんですね。反発したり突っ張っていた子どもが変わっていく姿を、カメラはちゃんととらえています。また、若い先生を、先輩の先生方と校長が支え励ます教職員集団も素敵です。映画の中に子どもの「権利」とか「権利条約」という言葉は出てこないんですけれども、まぎれもなく、それが浸透していることを伺わせる作品です。

2　子どもの権利条約を学び活かす

国連・子どもの権利委員会の審査と勧告

さて、子どもの権利条約は、日本が批准して21年経ちます。１９９４年の批准とは、国会の手続きを経て国が取り入れた─スイッチがＯＮになったということです。国連で採択されたのは１９８９年でした。日本の場合、批准まで少し時間がかかりました。政府の重い腰を上げさせた市民の運動があったからだと思っています。私も新橋烏森口で「早期批准を」と街頭演説したことがありました。

権利条約の起源はフランス革命と「人権宣言」（１７８９年）までさかのぼります。そこには「人は、自由かつ権利において平等なものとして生まれ、かつ生きる」と書かれていたわけです。しかし、「人」の中に、子どもや障害をもつ人や女性が含まれていたとはいいがたい。取り残されてきた歴史があります。とくに、第一次世界大戦によって多くの子どもたちが命を落とし、その反省から１９２４年に国連で「ジュネーブ宣言」が採択されました。権利条約につながる「子どもの最善の利益」という言葉も、このとき生まれるわけですが、第二次世界大戦が起こり、またまた子どもが犠牲になる。結局、戦後になって、世界人権宣言などを踏まえて１９５９年に「国連子どもの権利宣言」という、前文とわずか10か条のコンパクトな宣言がつくられたわけです。

それから20年後の１９７９年が「国際児童年」とされました。日本でもゴダイゴというグループが、テーマソング「ビューティフル・ネーム」を歌っていたのを覚えている方もおられるでしょう。子どもの権利宣言はのちの権利条約の土台になったものですが、あくまで「宣言」ですから法的な拘束力はもちません。それに肉付けをし、各国・各地域の実情を浸み込ませて体系化し、30年後の1989年、国連で「子どもの権利条約」採択に至ります。日本では5年後の1994年に批准したことは先ほどお話ししたとおりです。

さて、批准した国は、その後、自分の国の子どもの権利状況について〝こういう問題があって、政府はこれに取り組んできた。これは克服できたけれども、さらにこんな課題がある〟といったようなことを報告書にして、国連に提出する義務を負っています。最初は2年後、その後は5年ごとですけれども。各国政府の報告書が国連「子どもの権利委員会」の審査対象ですが、同時に、子どもの権利は政府だけに任せて実現できるものではありません。国連は〝市民・NGOのレポートもどんどん出してください〟と言っています。個人からもOKですよ。寄宿舎研も出されませんか。それらは、子どもの権利委員会で日本政府報告書を審査するときに、1つひとつが有力な資料になるわけです。

当然ですが、政府報告書は完全ではありません。限られたデータしか使っていなかったり、時には歪曲や部分的な取り上げ方、あべこべの評価もあったりするものですから、政府報告書へのいわゆる「カウンター（対抗）レポート」の意味もあります。政府任せにしないで、政府報告書の足りない点や問題点をも浮き彫りにするという大きな意義があるんですね。これまでに日本政府は3回の報告書を出し、審査を受け、国連からけっこう厳しい評価の〝通知表〟＝「勧告」をもらっています。

1998年、私も市民グループの傍聴団に参加して、スイスのジュネーブにある国連子どもの権利委員会に行きました。ジュネーブは人口30万のこぢんまりした国際都市で、美しい街です。多くのことを学んできました。2回目は2004年でしたが、大学の繁忙期（1月）と重なり、行けませんでした。当時の男子学生が「先生、オレ行ってきます」と代わりに行ってくれましたが……(笑)。3回目が2010年、幸い再び傍聴できました。そのときの話をこれからします。

3回目の審査に向けては熊本から数本のレポー

ト（基礎報告書）が提出され、私も「赤ちゃんポスト（こうのとりのゆりかご）」問題について書きました。そこでは、出産・育児に困っている人を見過ごすことができないという問題と同時に、やはり子どもの人権・権利からすると手放しで持ち上げることはできないと指摘したのです。全国から数多くの市民レポートが送られ、大事な役割を果たしました。

子どもの権利条約をめぐる課題

＊権利条約への関心はひろがっているか？

まず、権利条約が日本社会になかなかひろがらないという大きな問題が横たわっています。学生に聞いても、まだなじみは少ない。私は、担当の授業の中で子どもの権利の話をします。非常勤で行っている熊本大学の教養科目（1年生が中心）では、もう20年以上前から「新しい子ども観の探求」というテーマで、子どもの権利条約を軸にした講義をつづけてきました。

例年１５０人とか、希望者が多かったのですが、昨年、爆発的に増えまして、秋に始まる半年の授業ですけれども、様子見も含んででしょうが、６３３人来たんです。座席数２１７の大きい教室に……。当然入り切れません。びっくりしましたね。階段や通路にも学生があふれ、教室内は立錐の余地がない。教壇にたどりついて見回すと壮観です。しかし、消防法上、集まってはいけない数ですよ（笑）。だから、このまま授業をするわけにいきません。心ならずも、抽選で１５０人に絞りました。今年は、去年よりも増えて７９８人押し寄せました。また抽選です。

「山下先生の授業、人気ありますね」と言われたりもするんですが、これにはいくつかの矛盾と要因がからんでいるようです。同じ時間帯に取れる科目数が減らされ、そのしわよせが非常勤にきたとか、理系の学部でこの種の文系科目をとるよう履修指導があったとか……。それでも、「君ら、そんなに子どもの権利に関心あるわけ？」と聞いてみると、事実、そういう学生もいるのです。勉強したい、知りたい。「昨日まで子どもだった僕が、これから大人としてどう向き合ったらいいのか」とかですね。子どもの権利について最初は関心がそんなになかった学生でも、15回にわたる私の話やいろんな映像をとおして何かを学び取ってくれたら、教師など教育関係の仕事に就く人でなくても、それは日本の、社会の〝財産〟になり、子どもの幸せにもつながるわけですから、微力を尽くそうと考えております。

＊「日本の過度に競争主義的な教育制度」の弊害

１９９８年の国連の第１回勧告はニュースにもなりました。「日本の過度に競争主義的な教育制度のもたらすストレスと歪みが、子どもの不登校や虐待、いじめや体罰、あるいは発達障害を生み出しているのではないか。改めるべきだ」というきびしい内容です。

休息や余暇（気晴らし）を子どもたちから奪い、自分の人生や生活でありながら、それを享受することができない。自分の今日の生活さえ選ぶことができない。多くの子どもが追い立てられ〝せっかち〟にさせられている。さらに問題なのは、小学校６年生と中学校３年生にその後、「全国一斉学力テスト」が導入されたことです。権利条約を批准しながら、勧告にも反し……。ますます「学力」による競争主義が煽《あお》られているんじゃないですか。

大阪府では、入試にこれを使うなどということまで起こっているわけですよね。文科省は競争にならないようにと言っていましたけれども、どんどんそれが広がっている。例えば、ある小学校の６年生の教室では、新年度が始まっても新しい教科書を開くことができないという話を聞きました。つまり、間近に迫った4月中の学力一斉テストのために、来る日も来る日も「過去問」に取り組まされるというのです。普通、新年度というのは新しい教科書の紙とインクの匂いに期待をふくらませながら始まるはずが、それがない。子どもたちの学習権や学校の日常まで乱すようなことになっているんですね。まさに権利条約と逆行している。改めるどころか、競争主義的な教育制度をますます強化して、子どもの中に矛盾を持ち込み、子ども心を苦しめていると言わざるをえません。当然、教師をも疲弊させる。教える喜びを奪うでしょう。これまでも、国連の権利委員の皆さんは呆れていました。日本政府代表団に対して、国連の権利委員の皆さんは呆れていました。言葉づかいは丁寧だけれども、「ああ、なんでちゃんとしないの？まじめにやってよ」という裏の声が、傍聴していると伝わってきます（笑）。

学校5日制から学力主義の詰め込みへ、左から右に大きく振り子が揺れてだいぶ経ちます。5日制の当時の子どもたちが若者となり、今じゃ「ゆとり世代」と揶揄される。「先生、オレたち、ゆとり世代ですから」と自虐的に言ったりします。まわりからも言われる。「ゆとり教育」と言われた時代にも、本当の「ゆとり」はなかった。『ゆとり世代』などと捉えること自体が的外れ」だと『うばわないで！子ども時代―気晴らし・遊び・文化の権利（子どもも権利条約第31条）』という本の中で早稲田大学の増山均さんが書いていま

す。ゆとり世代という言葉に根拠はないんだ、と。

まさに、権利条約を批准しながら真面目に実現に向けて努力しようとしない日本政府の姿勢にこそ大きな問題がある。それが子どもたちの中に、教師や子どもに関わるさまざまな分野の人たちの中に（裁判官にさえ）権利条約が浸透しない根本的な原因があるということを強調したいと思います。政府任せにはとてもできないのです。

政府が権利条約を本気で実現するとしたら、いろんな財政的な措置が必要です。最近のニュースによると、財務省はまた全国の教職員を減らすと言っているんですね。増やすんじゃないんですよ。少子化を理由にして、今後9年間で3万7千人削減すると。これ、全体の定員の5％にもなるんですよ。文科省は異を唱えるんでしょうが、とんでもないことが起きているんです。したがって、別に〝外圧〟頼みではありませんけれども、国連というれっきとした国際舞台で、日本政府も責任ある答弁を求められるところで、私たちは日本の子どもの問題について議論を深めてもらい、

子どもの権利を前進させたいと願っています。もちろん自分たちも努力しながら……。いずれにせよ、まだ〝道半ば〟です。

＊子どもの権利委員会が取り上げた日本の子どもの問題

《子どもの貧困》

2010年の子どもの権利委員会では、第1に、〝7人に1人〟というデータを示して、日本の「子どもの貧困」が取り上げられました。現在では〝6人に1人〟(16・3%)にふえていますよね。朝ご飯を食べずに学校に来て、授業どころではない子どもたちがいる。ちゃんと治療を受けずに歯がボロボロで、総入れ歯の中学生がいるという話も聞いたことがあります。水道を止められて、風呂に入れず1か月過ごしたというケースも。

ひとり親、とくにシングルマザーの貧困率は55%ぐらい。日本はケタ違いに多いのです。日本のシングルマザーはほとんど働いている。2つ3つの仕事をかけもちしながら、それでも貧困状態からはいあがれない……。昨今のニュースによれば、安倍政権は、この貧困問題の対策として国民から寄付を募ると言っています。福祉は国民の寄付でまかなうと。なんか、ますますアメリカ的になってきましたよ(笑)。だから、政策が権利条約とは逆の方へ流れているということを理解しなくてはいけません。児童虐待の相談件数も8万9千件と最多記録更新です。

1回目の1998年の国連の審査の時には、「豊かな国日本」でもいろいろ矛盾や問題があるという認識だったんですよ。それから逆転しました。小泉さんが首相になった後、貧困がひろがって、今じゃ、明らかな貧困が国全体をおおっている。日本は豊かだというのは、もう〝おとぎ話〟です。国連のみなさんも「そうなんだ」と驚いています。

《子どもの情緒的充足感の低さ》

2番目には、「子どもの情緒的充足感」が低いのではないかと指摘されました。その背景として、子どもと親、子どもと教師の関係がいずれも希薄なことが懸念されると―。これには、条約第

12条（意見表明権）がかかわっています。「日本には子どもを権利をもった人間として尊重しない伝統的な見方が残っている」「子どもの声に大人がきちんと向き合い、応答する人間関係、日常的な対話が大切だ」と、耳の痛い分析・提言がありました。

《子どもの孤独》

3番目には、日本の「子どもの孤独」です。自分を孤独だと感じている15歳児、中3ぐらいの子どもがOECD加盟国の比較で、日本はダントツ（1位）の29・8％でした。3割の子どもが〝僕は／私は一人ぼっちだ、寂しい、孤独だ〟と答えているんです。2位がアイスランドで10・3％、OECD全体の平均は7・4％です。このデータは、国連のおひざもと「ユニセフ（国連児童基金）」の2007年調査の結果なんですが、市民レポートが取り上げたことで権利委員会は再注目しました。

ちょっと意外な感じもしますか？　日本の子どもたちは、スマホやLINEなんかで四六時中おしゃべりしていて、友だちがいっぱい、家族ともうまくいっているのかと思いきや、寂しさと孤独を感じているわけです。ちょっと放っとけない、大きな問題ではないでしょうか。

《ゆとりと遊びの権利（条約第31条）の剥奪》

それから4番目は、「休息と余暇、遊びとレクリエーション、文化と芸術への参加の権利」。端的にいうと「ゆとりと遊びの権利」。日本の子どもたちからは、それらが剥奪されているということですね。私たちは、この条文にかかわる研究会の中で、「ゆとりがなければ子どもは育たない。取り戻そう、子ども時代」というテーマを掲げて、以下のような点についてレポートを送っていました。

①〈学習〉〈休息・遊び〉〈手伝い〉のライフバランスのゆがみ
②食事や睡眠の乱れ
③「学校化」「学習化」する子どもの生活
④地域の自由な遊び空間からの切断
⑤「遊ばない子ども」「ひとりで遊ぶ子ども」の増加

⑥「遊びたい」と強く願う日本の子ども

つまり、子どもの生活を歪めている要因として学力競争的な教育制度の問題は大きいですけれども、それだけじゃなくて、生活や文化、子どもを取り巻く環境も無視できない。これは31条の光を照らして初めて見えてきます。

①については、生活の中心が義務的な長時間の勉強にかたより、休息と遊びが圧迫されていること。さらに手伝いは皆無に等しいといったことを指摘しています。

②は、食事をとれない子どもや、睡眠時間が短いどころか、遅寝・遅起きのため、とても朝の1時間目から学校で勉強するからだになっていないといった問題です。三池輝久先生という小児神経科医がおられます。熊本大学で思春期外来を立ち上げられた方なんですけれども、そこで不登校の子どもたちの相談を受けてこられ、附属病院長も歴任されました。退職後は兵庫県立リハビリテーション中央病院に勤めながら、子どもの睡眠の問題を中心に治療と研究にあたってこられた。彼が書いた『子どもの夜更かし 脳への脅威』という新書があります。データを挙げながら彼が実証的に訴えているメッセージは《子どもにとっての睡眠は大人とは違う。寝ている間に子どもの脳はつくられ、守られ、育つ》ということです。

日本の子どもは睡眠時間が短い。3歳以下の乳幼児の1日の総睡眠時間は11時間37分で、ニュージーランドの子どもに比べて約1時間40分も短いんです。「なぜかはよく分からないけど」と先生はおっしゃっています。睡眠が乱れると、ここからいろんな問題が引き起こされます。

③の、子どもの生活が学校化・学習化しているとはどういうことでしょうか。みなさんの寄宿舎というのは生活の領域ですから、そこに教育的・学習的な要素が含まれているとしても、教育や学習、さらには大人から見た評価だけで、子どもの私生活のあれこれや子どもの成長・発達をデータ化・数値化し、A・B・C・Dというふうに評価することは、間違いですよね。

同じようなことは、私が最近かかわっている学童保育（放課後児童クラブ）の指導員（支援員）の方々からも聞くことがあります。知り合いの福岡の指導員が言っていました。子どもたちが、学童保育に「ただいまー」と帰ってくる。ところが、今や低学年でも3時台とか4時台。4時過ぎに帰ってきても、5時の退所までいくらもいられないんですよ。それだけ授業時間が増えて学校にいる時間が延びている。疲れきって帰ってきて、指導員の膝枕でそのままグーグー寝てしまう子もいるそうです。優しい指導員ですから、起こしたりはしません。少し眠ったら起きて、おやつ食べて、その日にしたい遊びをするわけです。もちろん、指導員を信頼してなきゃ、膝枕で寝たりしない。信頼関係があってのこと。ここは大事なんですけれどもね。

また、指導員はいろんな塾やおけいこごとに子どもたちを送らなきゃいけない。「○○ちゃん、公文」「○○くん、英語」「○○ちゃん、ピアノ」「○○くん、スイミング」って一覧表があって、遺漏なくちゃんと。「それ、ほんとうに指導員の仕事？」って多くの指導員は疑問に思いながらも、やらざるを得ないっていう——。学童保育は〝止まり木〟でいいのか？　家庭に代わる、あるいは地域に広がりを持つ《子どもの生活の場》でなければいけないですよね。そこに《ゆとりと遊び》は必須です。それが奪われている。

「宿題を学童保育でやらせてください」という親の要求も強い。一般に、学童保育は宿題をさせなきゃいけないところではありませんが、かといって無視もできない。だから、学童保育で過ごす時間が短いのに加えて、塾やおけいこごとに通う子どもが毎日おり、さらには宿題もしてたら、もうそれで終わりじゃないですか。子どもも指導員も大きな矛盾にさらされて、学童保育が学校化・学習化する。宿題を無条件に〝引き受ける〟んじゃなくて、学校の先生ともよく相談する必要がありますね。「いったい学校どうなっているんですか？」「先生、よく宿題出されますけど、なぜなんですか？」と——。

権利条約を顧慮しないで逆向きにひた走る教育

政策の今の大きな動き、日本の教育制度の犠牲に子どもがなり、あるいは、先生や親がこれに大きなプレッシャーをかけられ、責任を負わされ、そして学校とは違う生活の場である学童保育の指導員さんたちが、疑問を感じながらも矛盾の渦に巻き込まれている。ここはひとつふんばって、保護者や学校の先生とつながり、問題の所在を追究し、一緒に解決していく必要があると思います。

④の地域の自由な遊び空間からの切断。この点は、寄宿舎の子どもたちにとっては、さらに格別の課題があるようにも思いますけど、今、ここでどうこう私が言うことはできません。子どもの地域生活はどうなっているのかということです。

⑤⑥は、遊ばない子どもや一人で遊ぶ子どもがたくさんいることをいろんなデータで示しました。しかし、日本の子どもたちが〝切ないほどに〟遊びたいと強く願っていることも、もろもろのアンケート結果などから明らかです。

付け加えますと、審査・勧告の翌年3月11日の東日本大震災と原発事故により、広域の子どもたちが見えない放射能の脅威によって外で遊べなくなりました。こういう福島や宮城の子どもたちの受難も忘れてはなりませんね。

《企業の悪影響から子どもを守るための規制》

もう1つ、子どもの権利委員会の議論の俎上にのぼった問題は、ネット社会の脅威に子どもが無防備にさらされている——「ネット依存」などの問題です。運転中もスマホが手放せないという人が大人の中にもいますよね。死亡事故まで起こっています。有害なサイトの心配もあります。こうした問題に関して「気をつけましょう」と呼びかけたり、学校ぐるみで宣言を出すなどの取り組みがありますけれども、およそソフトバンクやＮＴＴドコモ、ａｕなどの企業に対して、子どもの安全と権利の立場から法的規制があるかというと、ないんじゃないですか。この点を日本政府は質問されたんですよ。「日本には、ネットの悪影響から子どもを守るための規制がありますか？　ないでしょう」と—。これも、引き続き私たちは問題にしていく必要があるのではないでしょうか。

3　子どもの権利条約の〈新しい子ども観〉

“子どものくせに”“子どもだから”という子ども差別

子どもの権利条約については、いろんな条文を知ることももちろん大事ですけれども、それだけでは十分ではありません。条約全体をつらぬいている〈新しい子ども観〉を学び、深め、身につけることが重要だと思います。

子ども観といってもむずかしいことではなくて、みんなそれぞれあらかじめ子ども観を持っているんですよね。「子どもって心の純粋なエンジェルよ」って言う人もいれば、「いやいや、嘘はつくし、いろんな悪さはするし、大人と変わらない」という子ども観もあるわけです。

「子どものくせに」とか「子どもだから」とあからさまには言わないまでも、そうした見下した子ども観はまだまだ社会に残っている。耳慣れない表現ですが、「子ども差別」です。学生に聞いてみると、出るわ出るわ……。子どものとき、こんなつらい目にあいましたとか、イヤだった、悲しかったとか。例えば、家族で久しぶりにレストランに行った。「何注文しようかなあ」と思いながらワクワクしてメニューを見始めたとき、お母さんがいきなり、「あんた、子どもだからお子様ランチでいいよね」と(笑)。母が即決。そんな声、けっこう聞きます。食い物の恨みは恐ろしいと言いますけど、大学生になっても残っているんですよ(笑)。

こういう作文があります。

ぼくのたん生日だぞ!

ラーメン店で、ぼくのたん生日会をした。
お母さんの友だちが、7人も来た。
どこにすわろうかなと考えていると、お母さんに、
「男は、あっち!」と言われた。

お父さんと別の席で、
男2人、さびしく食べた。
ぼくはとんかつ定食。
お父さんはからあげ定食。
お母さんたちは、
「ギョウザ！イカ！ビール！」
じゃんじゃんたのんでいた。
まるでおばさんの飲み会だ。
なんだか、
ぼくのたん生日会じゃないみたい。
ぼくの誕生日だぞ。

（冨田英寿・高知県四万十町立東又小学校5年、『日本子ども文詩集2014年版』）

様子が目に浮かびますね（笑）。これもまた子どもの声―意見表明権じゃありませんか。声高ではありませんが、不満の気持ちが伝わってきます。

日本の教育の伝統の1つに「生活綴方教育」があります。子どもが自分の言葉で生活や思いを綴るわけです。まず生活があってそれを表現する。これは日本の教育が誇るべき世界遺産です。他の国にはない教育方法・教育実践だそうですよ。しかし、戦前戦中は政府の弾圧を受けました。国家権力がたかが子どもの作文を危険視したんです。それに取り組む教師を逮捕した。有名な壺井栄の『二十四の瞳』にも出てきますね。なぜなら、子どもが生活に目を向け、社会の真実や矛盾、貧困や戦争への疑問なんてことを書いてもらったら困るからです。弾圧の嵐が吹き荒れました。しかし、その伝統は守られ、戦後復興して「日本作文の会」という民間団体に受け継がれてきました。

私は今年（2015年）の夏、京都で開かれた日本作文の会の全国大会に行きました。3日間にわたり1600人もの方々が参加していた。若い人も多く、老若男女のバランスがよいことに可能性を感じました。学習指導要領から「作文」という文言が削られ、「書くこと指導」の名で上からお仕着せの文章を書かされる。自分の生活や気持ちとかとあまり関係ないような文章指導になっちゃっているんですね。それでもなお、生活綴方の伝統は〝どっこい生きている〟ということを京都で確認できて、とてもうれしかったし、私も生活綴方の世界に「子どもの権利」の視点からかかわっていきたいと思っているところです。

「ゼロトレランス」

子どもは未熟だ、指導の対象だという決めつけが、まだあるんじゃないですか。「ゼロトレランス」という言葉をご存知でしょうか。言ってみれば〝情け容赦ない不寛容〟ですね。

数年前、ある人がとある学童保育所を訪ねたら、壁に一覧表が貼ってある。見ると、横に1、2、3、4、5って数字が書かれていて、縦にAちゃん、Bくん、Cさん……と、子どもの名前が書かれた簡単なグラフなんですね。「何ですか、これは?」って指導員に聞いたら、忘れ物のペナルティー表でした。3と5のところに線が太く引いてある。どういうことかというと、忘れ物を3回してポイントが3点たまると、その子は学童保育を1回休まないといけない。「すごろくか。ちょっと待った!」と言いたくなりますよね(笑)。学童保育(放課後児童クラブ)というのは、共働きやひとり親の子どもたちを預かる場所なわけです。親の労働と子どもの生活・育ちを合わせて保障する〝命綱〟のような居場所。それがたかが忘れ物3回で1回休み。5回になると強制退所なんですよ。ゼロトレランスそのもの。マニュアルによる厳罰主義。だいたい指導員にそんな権利があるのかと驚きましたね。「これ冗談でしょ?」ってそこの指導員に聞いたら、「いいえ、ちゃんとやります」との答えが返ってきたそうです。

これは『学童保育指導員のための研修テキスト』(かもがわ出版)の中で私が担当執筆した「学童保育を支える憲法・条約」のあとの節で、愛知県の賀屋哲男さん(学童保育指導員協会理事)が紹介している事例です。まさに人権問題ですね。〝生殺与奪の権〟を、あろうことか学童保育が振り回すという――。信じられません。

信じられないといえば、首相官邸のネット上のサイトに、15年前の教育改革国民議の議事録が残っているのですが、そこには「子どもは厳しく飼い馴らすべき」という発言が―だれが言ったかは分からないのですが―、いまだに出てきます。そんなこと言う？どんなに保守的で、子どもに厳しいまなざしを持っている人でも、「飼い馴らす」とは言わないんじゃないですか？ ペットの犬や猫だって「家族」だという人もいる時代ですよ。

　それから、昨年（2014年）1月26日付けの産経新聞の主張。長野県がつくろうとしている「子ども条例」に噛みついて「甘やかさない教育が必要だ」という上から目線の〝子どもの権利憎し〟の社説を掲げていました。ここには、国連子どもの権利委員会がらみの間違い（事実誤認）があるんです。

　1998年の第1回の日本政府審査のジュネーブの会場に、日本の高校生がアルバイトのお金を貯め、カンパもらって何人も来ていました。そして、委員会の配慮で休憩時間に3人の高校生が権利侵害の経験についてプレゼンテーションしたんです。1人目の東京の生徒は、児童養護施設におけるプライバシーのなさ―手紙なんかを職員に見られるとか狭い個室の問題など―を訴えました。2人目の熊本の生徒は、中学校も標準服という名前の制服が普通あるわけですが、「私はどうしても着たくなかったのに、いやがらせを受けた」という話。それから3人目、京都の女子高生が、これも制服がらみの訴えだったんですけれども、別に校則廃止を求めたわけではない……。しかし、その審査の直後、『週刊文春』などが事実をねじ曲げた報道をしたんです。「『制服廃止』を訴えて国連に叱られた日本の甘ったれ高校生」というタイトルで。この見出しだけでも事実をアベコベに描いていますが、本文4頁中22か所も間違いがある。しかも高校生3人の実名を挙げて攻撃するというとんでもない報道だったわけです。目の前で私は見ていますから証言できます。事実を歪めた上で「子供の権利は甘えやわがままを助長する」と書いたのです。一般の人の中にも、悪意じゃなくてもそのように考える人はまだまだおります。

かつて教育学者の大田堯さんがおっしゃっていましたけど、「権利」という言葉は英語ではＲｉｇｈｔ。Ｒｉｇｈｔっていうのは、You're right.（君は正しい）、That's right.（それは当然だね）という英語を使っている人にとっては日常語です。Ｒｉｇｈｔには、この「当たり前」という意味がまずあるのです。ところが、日本語になると「権利」。「利」は「利益」「利己主義」の「利」でもあるわけで、「わがままだ」と解釈するのは、言葉の問題も多少はあるのかなと思います。

ちなみに、子どもを権利の行使主体だと見る私たちは、子どもの「供」をひらがなで書きますけれども、産経新聞は漢字の「供」を使う。間違いじゃないですよ。だから、学生が試験やレポートに「子供」と書いても減点はしませんけれども。女性活動家の羽仁説子さんが「日本子どもを守る会」の設立（１９５２年）にあたって、メッセージを出したんです。「みなさん、子どもの『ども』は、ひらがなで書きませんか。『供』は、供物やお供えの『供』ですよね。大人のお供、あるいは、供え物のようなイメージ。やっぱり子どもを独立した人格としてとらえる立場から、これはひらがなで書こうじゃありませんか」と。それが賛同を得られ、マスメディアも含めて社会にひろがったのだと思います。ところが、文科大臣が昨年「いや、『供』はちゃんと漢字があるんだから、これを使うべきだ。特に公文書はこれで」と、突然言い出したんです。それは今の政権の保守回帰的な、子どもに対しても上から目線の、そういう姿勢の表れではないかと私は見ますね。いつの間にか他のメディアでも漢字が目につくようになってきたのは私だけでしょうか。

余談ですけれども、私は子どもの「子」までひらがなでは書かない。「こども」だと〝子ども子どもしたイメージ〟になっちゃいますから（笑）。ただし、これは好みの問題。カタカナでは絶対書かないですよ。「ドコモ」と混同しますから（笑）。漢字１つ、ひらがな１つにも〝こだわり〟を持つということは、ときに大事ではないかなと思っています。

歴史の中の子ども観──日本人の〝やさしいまなざし〟

いろんな小説や映画なんかを見ていると、ヨーロッパの子どもに対するしつけって厳しいです。夕方、明るいうちに子どもを寝かしつけて、大人は大人の生活をというのがよくあります。13、14世紀ぐらいの中世ヨーロッパには「子ども」という概念がなかった。だから、教会なんかに残っている子どもの絵を見ても、顔が大人のままなんですよ。プロポーションも。子どもというのはその後に〝発見〟されたものなんですよね。そのへんのことをアリエスという歴史学者が『〈子ども〉の誕生』(1960年)の中で克明に取り上げています。

「ゼロトレランス」の子どもに厳しくっていうのは、決して日本の歴史的伝統ではありません。むしろ逆で、子どもへのまなざしはやさしかったんです。渡辺京二さんという熊本在住の思想史家がいらっしゃいますけれども、彼の『逝きし世の面影』という名著の中にいろいろ紹介されています。江戸時代末期に日本に来た多くの欧米人が書き残している日記や記録を見ると、「日本人全体が、身なりもよく幸せそうである。誰も彼もがウキウキとうれしそうだ」と書いている。そして、子どもたちは「本当に可愛がられている。世界中で、日本ほど子どもが親切に取り扱われ、そして子どものために深い注意が払われる国はない」とまで書いているんですよね。そして、ふんどし姿の男たちがあちらこちらで子どもをあやしていた。職人や農民の父親が、子どもをあやしながら仕事をしていた。つまり、今でいう「イクメン」が普通に存在したのです。これは知っておいたほうがよいのではないでしょうか。

権利条約の子ども観の新しさとは──〝3つのP〟

子どもの権利条約の子ども観は、頭文字をとって「3つのP」であらわされることがあります。だれが名付けたか知りませんが、よくできた語呂合わせです。1つ目のPは、Protection(保護)です。2つ目は、Provision

ですが、訳し方がむずかしい。もともとの意味は「供給」「支給」「準備」という意味なんですけれども、子どもに関して言えば、「養育」とか児童育成クラブの「育成」に近いかな。将来を見すえて子どもを育てるという準備。子どもにご飯を食べさせたりお風呂に入れる、清潔な服を着せる、さらには教育を受けさせるということは、将来に向けた子どもの成長・発達を助ける必要なことですね。そして3つ目―これが権利条約の新しさなんですが―PArticipation（参加）のPです。そして、その参加のための大事なカギを第12条の意見表明権がもっています。

もちろん3つ目のPだけが大事なんじゃなくて、1つ目、2つ目のPも子どもが参加する、子どもの声を聞く上でいっそう基底的に大事になってくる―深めなきゃいけないという関係ではないかと思います。

話が子どものことから飛ぶようですが、先だって国会前に集結したSEALDs（シールズ、自由と民主主義のための学生緊急行動）という若者・学生のグループも、そのメンバーで国会に招致され供述した奥田愛基君の感動的なメッセージも、意見表明権ですね。明治学院大学の高橋源一郎さんという奥田君たちの先生と奥田君たち学生の座談会が『民主主義ってなんだ？』というタイトルで本になっています。彼らの動きについて、半年前までは、恥ずかしながら予知できませんでした。この本を読むと、彼らの行動の土台にある考えを知ることができます。

3年ほど前でしたけど、ちょうど国政選挙の後でしたが、成人を迎えた学生に「選挙行った？」って聞いたんですよ。「いや、行ってません」「なんで？」「住民票、実家に置いたままですから」。その日に聞いた35人中5人しか投票に行ってなかったんですね。7人に1人、つまり投票率14％……、ショックでした。これは教師や教育の責任でもあるなぁと。憲法や子どもの権利条約を一生懸命教えておきながら、学生が選挙に行かないということは一体なんなのか？　小学校から社会科や公民・現代社会を学びながら、なぜなんだ？

と嘆いていたんです。

しかし、今、国政選挙でも地方選挙でも投票率が4割切ったりしてるじゃありませんか。これは結果に責任をもてないほどの低い投票率ですね。民主主義のシステムの疲労と言うか、空洞化じゃありませんか？　さらに驚いたのは、最近、私も属しているある学会から送られてきた選挙結果。名簿を見ながら郵便で投票するんですけれど。理事を選び、会長を選んで郵送する。特に選挙運動なんかないんですけれども、これがなんと投票率20％！　だから授業で、「この前はごめんね。学者もダメでした」と謝ったんですよ（笑）。学生のこと言えないなと、さらなるショックを受けました。ＳＥＡＬＤｓの若者たちの動きに押されて学者も立ち上がっておりますし、「安保法制に反対するパパ・ママの会」も（「パパ」がつくのは熊本だけです）。彼らの後にくっついて、私たちミドルズやオールズも足腰が痛いのに立ち上がっております（笑）。

18歳選挙権も、ただ「選挙に行こう」というキャンペーンや模擬選挙だけの問題ではありません。まさにこの意見表明権というテーマが横たわっている。憲法上は「言論の自由」です。高橋源一郎さんと若者たちの対談の中でも、言論の自由、意見表明権というのは、この民主主義の中でも極めて本質的で中心的な権利であるというふうにおさえられている。子どもの権利条約第12条の重要性について、あらためて教えられました。言論の自由を守るというレベルにとどまらず、日常生活の中で、また政治に関してどう行使するのか。今、〝民主主義は国会の外にある〟と言われるぐらい、空洞化・形骸化が進んでいます。「しゃべってなんとかなるのか？」「いや、なるのだ」ということを、若者たちにちょっと失望しかけた私までもが、彼らから教えられている。そして、若者に連なる子どもの権利、意見表明権の大事さを今、ひしひしと感じて、ここでお話ししているところです。

4　新しい子ども観の源流と発展——先人たちの言葉から

子ども観について、これまでいろんな人がいろんなことを言っています。私が〝出会った〟古今東西の人たちのハッとさせられた、あるいはウーンと唸《うな》った言葉のいくつかをご紹介しましょう。ひょっとしたら、みなさん自身や隣りの人も素敵な表現をお持ちかもしれない。そんなつもりでお聞きください。

■山上憶良《やまのうえのおくら》（奈良時代初期の万葉歌人）

「瓜はめば子ども思ほゆ　栗はめばまして思はゆ」

「銀《しろがね》も金《こがね》も玉も何せむに　まされる宝　子にしかめやも」（600年代後期）

子宝とか〝子は国の宝〟と聞くと、「赤ちゃんをいっぱい産んで国家のために貢献してくれ」という戦前を思い出して、ちょっと〝ヤバい〟ですが、かけがえのない宝、それが子どもだと。昔、洗剤のTVコマーシャルに♪「金銀パールプレゼント」というのがありましたけど（笑）。どんな貴金属や宝石も子どもにはかなわない、と言ってるんですね。これはもう歴史を超えた真実です。

■『梁塵秘抄《りょうじんひしょう》』（平安時代末期に編まれた歌謡集）

平安時代末期の詠み人知らずの歌集『梁塵秘抄』の中に、権利条約31条を先取りしたような歌があります。

「遊びをせんとや生れけむ、戯れせんとや生れけん、遊ぶ子供の声聞けば、我が身さへこそ動《ゆる》がるれ」（1180年前後）

最近は、そばで子どもたちが遊んでいると「うるさい」と言われかねない。騒音扱いなんです（次節76頁〜参照）。子ども嫌いの社会になっていませんか？「保育園をここに建てないでくれ」とか言って、訴訟にもなる。しかし、この歌を詠んだ当時の親や大人たちは、子どもが路地で遊んだりふざけっこしている声を聞くと、「我が身さへこそ動がるれ」―「大人である私のからだもウキウキしてくるんだよね」と言っている。

「アニマシオン」という言葉があります。英語で言うと、Ａｎｉｍａｔｉｏｎ（アニメーション）で、狭い意味になってしまいますけれども、フランス語・スペイン語・イタリア語では、ドキドキ・ワクワク・ハラハラする――そういう心の動きを言うわけですよね。私の親しい先輩である早稲田大学の増山均さんが、つとに力説しています。みなさんの研究会の中にも、このアニマシオンの大事さということが、今、浸透しかけているようにお見受けいたします（笑）。とても大事なんです。心が動くということ。ここから始まる。〈遊び〉はその要素をいっぱい持っています。〈学び〉にだって、ほんとうは必要ですよね。ただ知識を詰め込まれて覚えるのは学びではない。どこかに感動やアニマシオンがある。本を読むという行為もそうですよね。物語の世界。そのことを『梁塵秘抄』のこの歌は発信してるんだということですね。これもまた、普遍的なものではないかな。

■ルソー（フランス啓蒙期の思想家）

「人は子どもというものを知らない」

「子どもは獣であっても、成人した人間であってもならない。子どもは子どもでなければならない」（『エミール』１７６２年）

子どもは野性の動物ではない。大人とイコールでもなければ、大人のミニチュア、縮小コピーでもない。子どもは子どもなんだという、これぞ、あまりに有名な「子どもの発見」です。

■コルチャック先生（ポーランドの小児科医、児童文学作家、孤児院の院長）

「子どもはだんだんと人間になるのではなく、すでに人間である」（１８９９年、塚本智広著『コルチャック 子どもの権利の尊重』２００４年）

「権利条約の父」と呼んで間違いないコルチャック先生。ポーランドの小児科のお医者さんで児童文学作家だったんですけれど、孤児院の院長でもありました。彼がやっていた孤児院は、今もワルシャワ市内に残っています。その児童養護施設「子どもの家」は今も続いていて、私は1998年のジュネーブの国連傍聴の後、訪ねました。

コルチャック先生は映画にもなりました。監督はポーランドの巨匠アンジェイ・ワイダ。日本では加藤剛さんが演じるお芝居がありましたよ。

「子どもはすでに人間である」って、ハッとさせられませんか？　言われてみれば当たり前なんですけど、成長・発達という言葉にごまかされてか、なんか〝まだまだ人間じゃない〟みたいな扱いをしていないか――。実は最初から「人間」なんです。これはすごい。百年以上前に言ってるんですけど、この子ども観が浸透しているとは言えない。それから、昨日も分科会で「子どもの嘘《うそ》」が取り上げられたようですが、コルチャックはこう言っています。

「子どもには、うそをいってしまったり盗んでしまったりする権利がある。うそをいったり盗む権利はない（が）」（1920年）

分かりますか？　微妙な違い。大人も含めて、一般に嘘はまずいでしょう。盗むのはもっとダメでしょう。でも、「やってしまう」ことがあります。魔が差してとか、やむをえずとか、みなさんもあるんじゃないですか（笑）。子どもだってやってしまうんですよね。だから、子どもの嘘に付き合わなければいけないこともある。これを目くじら立ててとっさに「あんた、嘘ついてるでしょ！」「嘘は泥棒の始まりよ」などと言って、めちゃくちゃ叱りつけたり追いつめたりして、「ゼロトレランス」になってはいけないと思う。なぜこの子は嘘をついてしまったのかということを考えることの方がよっぽど大事です。これが権利の考え方、とらえ方だと思います。

■ジュディス・カープ（子どもの権利委員会議長、1998年）

「子どもたちは、停留所で未来行きのバスを待つだけではありません」

「私は、あなたがたが将来、変革の途につくのではなくて、すでに現在変革の実践の中にいるものと確信しています」

先ほどご紹介した日本からジュネーブに来た3人の高校生に、こうやさしく語りかけたんですよ。こんなことを言える大人が日本にどれだけいます？　逆に「今のあなたたちの本分は勉強でしょ。言いたいことがあったら、その後にしなさい」と言う人はいそうです（笑）。そうじゃない。あなたがどんなに若くても未熟でも、あなたの言うことを私はちゃんと聞いていますよ。将来じゃなくて今、あなたの声をちゃんと聞いています。そして、問題があれば一緒に解決していきましょうと、対等の立場で言っているんです。子どもの声を受け止める。子どもは大人のパートナー。こういうことなんですよね。モラルが高いと思いませんか？　1998年にジュネーブに行ったとき、国連の委員さんたちは、NGO主催のパーティーで日本から来た高校生たちと楽しそうに遊んでいました。子どもと遊べる人でもある。そして子どものことをまっすぐ見る、人間として市民として見ることができる人たちです。

■高見ノッポ（NHK教育「できるかな」の俳優）

「私は子どものことをあえて『小さい人』とか、『おチビさん』と呼びます」

「小さい人は、何も分からない存在ではない。ちゃんと理解しているんです」「一人の人格として認め、最高の儀礼を尽くします」

（「対等に接すれば、子どもは変わります」熊本日日新聞、2012年4月4日）

権利という言葉は出てこないけれど、まぎれもなく子どもを権利主体と見ています。公演のとき、ガヤガヤ騒がしくても、「静かにしなさい！」と怒鳴ったりしない。ちゃんと丁寧に頼めば、子どもたちは分かってくれるとおっしゃっるのです。

■大宮勇雄（福島大学教授）

「子どもの声は聴くに値する」

（「子ども観転換の時代を生きる」『子ども白書２００９』）

幼児教育がご専門の大宮さんの、条約12条についての短くも的確な言葉です。私なんか、ついつい「子どもの声は聞かなくてはいけないんですよ」と押しつけがましく言いがちです。そう言われたら、なんか素直になれませんよね（笑）。彼は、その優しい人柄さながらに一言、「あのー、子どもの声は聴くに値するんです」と講演でもおっしゃいました。そう言われたら進んで聴きたくなります。

■桜井ひろ子（宮城県の保育士）

「みんな子どもが教えてくれた」

桜井ひろ子さんというベテラン保育士は、子どもの心を持ち続けています。ネパールに行ったり来たりしてる方です。「みんな子どもが教えてくれた」とは、彼女の『保育笑説』という著書のサブタイトルです。初めに指導ありき、どっかから指導をもってくるんじゃなくて、子どもと対話する中で、この子のために何ができるか、何をすべきかが見えてくる。それを指導と呼ぶなら呼べ、ということですね。

「人を見たら泥棒と思え」じゃないですが、「子どもを見たら指導しなきゃ」みたいな子ども観ってまだまだ根強くある。政府や文科省には大ありですよね。さっきの「産経」社説なんかその塊ですよね。子どもには、とにかく上から教えるべきだという立場です。そうじゃない。子どもから学ぶことが大事だ、指導の源流・根拠は子どもにありますよ、ということです。子どもは指導の「対象」ではない。指導のど真ん中に子どもはいるんだ。だって主体なんだから。

■ローター・クラップマン（子どもの権利委員・日本審査特別広報官、ベルリン自由大学教授）

「指導というなら、大人こそ子どもに指導されるべきだ」

２０１０年のジュネーブで、冒頭で紹介したいろんな日本の子どもの権利問題を引き出す主導的な役割を果たしたのがクラップマンさんです。教育社会学の専門家ですが、彼が日本政府代表にこんなふうに指摘していました。

政府報告書を見るとやたら「指導」という言葉が出てきますね。ガイダンス、ガイダンス、ガイダンス……って。「そんなに指導がお好きなんですか？」と言わんばかりでした（笑）。「指導というなら、大人こそ子どもに指導されるべきではありませんか？」と、ほんとにそうおっしゃった。皮肉だったのかな？　とにかくそう言われたんです。「いきなり指導じゃないでしょ。子どもに向き合うことが先でしょ」という意味です。これは大宮さんや桜井さんとも相通じる、子どもの権利の本質だと思います。

5　教育・保育実践の中の子どもの権利条約

「生徒指導部」改め「生徒理解部」に

福岡市に立花高校という私立の高校があります。昔は、『ビーバップ・ハイスクール』というツッパリの映画に、「立花が襲ってくるぞー」って実名で出るくらい荒れていた学校らしいんです（笑）。でも、今は小中学校で不登校を経験した子どもを8割受け入れている。子どもにフレンドリーな学校になっています。校長は齋藤眞人さんといって、かつては宮崎県の公立中学校の音楽の先生で、ブラスバンドの指導で名を馳せた人です。しかし、教師としての自分のあり方に疑問をつのらせ退職。その後、立花高校の校長になってだいぶ経ちます。生徒から「校長ちゃん」と呼ばれています（笑）。「そう呼ばれるたびに、生徒のことが愛しくて愛しくてたまらなくなってしまう」そうです。

数年前にこの校長が、どこの学校にもある「生徒指導部」という部署名はちょっとおかしいんじゃないかと言い出しまして、「生徒理解部」に看板が書き換わったそうです。「指導の前にまず理解でしょ」というわけです。ここでも、子どもの権利（条約）の説明は出てきませんが、間違いなくこれに沿った小さな改革の1つです。ちなみに、今、教育実践の中では「子ども理解のカンファレンス」という言葉がひろがっていますね。

子どもの声を聴く――かいくん（5歳児）の〝爆発〟にはワケがあった

子どもの声に耳をすませてこそ、彼らを深く理解できるという点では、大宮勇雄さんがよく紹介される次のエピソードが印象的です。熊本にお招きした講演で、直接お聴きしたこともあります。

名古屋にある「けやきの木保育園」の5歳児・かい君が、朝、子どもらが登園してくるさなか、めちゃくちゃ興奮して大きな声で、よう君という男の子を、すごい剣幕で罵倒していたんです。「こんなの、持ってくるな！」と。胸につけていた手作りのバッヂを引きちぎり……。園長の平松知子さんがびっくりして、「なんで？」と聞いたら、「（ルールで）保育園におもちゃは持ってきてはいかんのだわ」と。園長が、「いや、よう君は、この間、ずっと熱でお休みしてて、これは家で自分がつくったバッヂなんだって」と擁護しても、まったく聞き入れません。さらに聞くと、「よう君はダメだ。こうき君やつばさちゃんやみーちゃんはいいけど」と言うんですね。これにピンときた園長は「かい君、それひょっとしたら、よう君たちは早お迎えだから？」。保育園って親御さんの都合で、早いお迎え、遅いお迎えの子どもが出てきますよね。遅い子にはちょっとした晩ご飯も用意したりするんです。「そうだ、こうき君たちはいつも夕飯までいてがんばっているんだ。だけど、よう君はいつだって早いお迎えの子だから許せんのじゃ！」と言うんです。ふだん早お迎えの特権を持っているよう君が、手作りとはいえバッヂを園に持ってくる―2つも〝特権〟を持っているというのは絶対許せんと言ってるんです。

大人から見ると、無分別なわがままに見えるけど、ちゃんとワケがあった。5歳児とはいえ、「その子なりの思想や理論」（大宮）があるのです。

これを聞き取ることができない人の方が多いですよ。かい君のケースでも、「そんな乱暴はダメ」と注意して終わりですよ。しかし、園長が「どういうことかな?」と耳を澄ませて聴いたら、分かってきたんです。恐らくみなさんの寄宿舎の中でも、そういうことがいっぱいあると思います。まず聞く（聴く）ことによって、その子の言いたいことが見えてくる、謎がとけるということです。意見表明権というのは、さきほど言ったように、まさに子どもの権利の中核・本質なんですね。

子ども〝と〟話す――受容的応答関係

ある本に書かれていた、日本からの視察団がデンマークの保育園を訪れたときのエピソードです。先生と子どもがすごく楽しそうに話している。それを見た視察団の1人が後で、「先生はあの子に何を話していたんですか?」と質問したら、向こうの先生が一瞬「うーん」と考え込んで、こう返答したそうです。「私たちは、子ども〝に〟何かを話しているんじゃなくて、子ども〝と〟おしゃべりしてただけです」と。英語の前置詞を使えば、“to the child”じゃなくて、“with the child”なんですね。これは、実は百年前に、さっきのコルチャック先生も言っているんですよ。「子ども〝に〟ではなく、子ども〝と〟」。コルチャックの影響があってデンマークに持ち込まれたのか、そうでないのか。私も確認できていません。いずれにせよ、デンマークの保育園や学校ではこれが常識です。

もっと言えば、その子がどこの高校に行くか、大学に行くかなんてことは、この国の親や保護者はほとんど関心がない。自分の個性と自己肯定感―「自己肯定感」ってデンマーク語で「セルヴェア（Selværd）」と呼ぶんですけど―セルヴェアに親も教師も子ども自身も関心を持っているそうです。自分が自分らしくあるということ。そして、自分の人生を肯定するということです。日本はそうじゃないでしょ。ますます学力やら偏差値やらにとらわれて、個性抜きの疎外（?）に向かっているように見えます。

6 〈ゆとり〉がなければ子どもは育たない――取り戻そう〈子ども時代〉

「スクール」の語源は「ひま」――教師は「ひま人」たるべし

突然ですが、「スクール」の語源をご存知でしょうか?。ちょっと意外なんですけど、ラテン語の「スコラ」、ギリシャ語の「スコレー」が元で、いずれも意味は「暇《ひま》」なんですよ。信じられますか?

生徒に「廊下走るなー」と言いつつ、先生が次の授業や会議に向かって走ってたりして……(笑)。この超多忙な「学校」の語源が、ヨーロッパでは「暇」なんです。でも、少し考えれば納得します。ソクラテス・プラトン・アリストテレスなどの哲学者が「宇宙の根源は?」「物質は何からできているのか」「愛とは何か」といった疑問を抱き、暇に飽かせて探究し、そこから学問や大学の基礎が生まれたわけでしょ。そんなこと、忙しい人は考えませんもんね(笑)。つまり、哲学者・貴族・僧侶といった文字通り「有閑」階級の中から大学がつくられて、これが大衆化して中等教育、初等教育へと広がってきたわけです。

しかし、今日的にも「ひま」は大事です。4年くらい前の毎日新聞の調査で、「なぜ、先生方はいじめに対応できないんですか?」という質問に対して、7割の先生が「時間がないから」と答えています。それを言い訳にはできないんだけど、しかし、実態としてはそうなんでしょう。

熊本で2年前、女子高生が「いじめ」に起因して自殺した事件があります。5月の連休明けの体育大会のダンスに向けて3月から練習が始まったんだけど、その子はもたもたしてなかなかできない。「これだけ教えてるのに、なんでできないの!」って、周りの子どももイライラしてくるんです。結局、その子は追い込まれて自殺してしまいます。どんなにか辛かっただろうなと思います。最初、学校中心の調査委員会では、いじめと自殺の因果関係は認められなかった。遺族が納得しないので、県知事が諮問するかたちで第三者委員会が発足したんです。その結論は、いじめも自殺の要因の一つであった―。

しかし、私はそれに満足できません。「子どもの中の問題で済ましちゃうわけ？」。だって、学校行事の練習の過程で起こったことですよ。「その子の苦しい胸の内や状況を、先生は知ることができなかったんですか？」「いじめた側の子どもたちからは、困っているという相談はなかったんですか？」。第三者委員会といえども、後に裁判が起こされたとき、学校や教育委員会に責任追及が及ぶのを心配したのかと疑いたくなるぐらい、納得がいく結論ではありませんでした。

新聞記者に求められて私は電話でかなり話しましたが、記事では10行ぐらいのコメントにしかなっていません。研究室に来てじっくり聞いてもらうとよかったんですけど、彼らも忙しくて、学習する「ひま」がないんですよ。だから、次に同じような事件があったら、また同じレベルの記事書いちゃいますね、きっと……。

いじめなど、子どもの中の困難に向き合うためにも、彼らのサインに気づいたり生の声を聞くために、「ひま」がなくてはならない。勉強の理解が遅い子も、手間ひまかければ分かるようになります。先生も増やさなきゃいけないのが道理でしょ。夏休みなんか、「環境問題でブラジルに行ってきました」「ああ、この研究成果を子どもらに伝えたい。早く2学期来ないかなあ」と、胸がアニマシオンでいっぱいになるぐらいでないと、本当はつとまらないのです。「ああ、2学期が近づいて来た。どうしよう？」じゃ困ります。でも、そのほうが多いですか？（笑）

まとめです。教師は「ひま人」でなければなりません。「教師はひま人、ではジョン・レノンの歌は？」「イマジン」（笑）。「よくあるうがい薬は？」「イソジン」（笑）。これで、もう忘れないでしょう。

「ひまな時間が怖い」

熊本大学教育学部の小林泉さん（仮名）という学生が書いたレポートは身につまされました。増山均・齋藤史夫編著『うばわないで！子ども時代――気晴らし・遊び・文化の権利（子どもの権利条約第31条）』をテキストに使った「青少年校外教育論」の授業で私に提出されたものです。

大学生になってひまな時間ができたとたん、途方に暮れた。ひまをもてあます自分に「罪悪感」さえ感じたというんですよ。でも、私にも思い当たります。自分の時間を持てないように、ガチガチにされていく。31条の欠落が日本の子どもを苦しめている。このことの現れの一つだと思いますね。昔もそういうのはあったけど、今はさらに強まっている気がする。自分の人生なのに、自分の一日なのに主人公になれない。時間が目の前にあったら、〝意味あること〟〝生産的なこと〟を何かしなきゃいけない……。「すきま時間の効用」を説く先生もいます（笑）。それ、どこかおかしくないですか？

安倍首相は「一億総活躍社会」を唱えています。ゾッとしますね。ある生物学者の研究によると、働きアリの2～3割は働いていないそうです。余力を残していないと、その社会（コロニー）は死滅するからです。ひまがなきゃいけない。余裕が。当たり前に、ゆとりがないといけない。ゆとりは命です。

デンマークの「ギャップイヤー」制度

デンマークには「ギャップイヤー」という制度があって、高校を出ても〝トコロテン式〟にすぐ大学には行かないんです。入学資格だけとって、1～2年行かないのは当たり前。3～4年もありです。実際、昨年の4月、19歳と21歳のお嬢さんがその〝猶予期間〟を利用してうちにホームステイしました。「ハンドルのあそび」のような時間を利用して海外旅行をしたり、ちょっとした仕事に就いてみたりして、自分は何を勉強したいのか、どういう目的で大学に行くのか見極める時間が「制度」として保障されているんですね。これがギャップイヤーです。日本じゃ、考えられません。高校出ていて大学生じゃないのは、浪人かニートか無職ですよね。私なんか、要領悪いから2浪もしちゃったけど（笑）。今は、心から言えますよ。ギャップが、遊びが、ゆとりが大事ってね。

“too busy”は“too lazy”（多忙は怠慢）

すでにご紹介していますが、（本書19頁）私の友人で、長野県松本に住む30代のチャーリーというイギリス出身の男性がいます。彼は、憲法9条に憧れて日本に来たんです。全国を自転車で単独行して熊本に来たのを地元新聞で知り、会いに行きました。私、会いたい人にはすぐに会いに行きます（笑）。話を聞いたらいいヤツだったので、わが家に2泊ホームステイしてもらいました。あちこちで、折り鶴ならぬ「ハト」を、「きゅうちゃん」と名付けて折りながら、〃1人キャンペーン〃をやっていたんですよ。「憲法9条知ってる?」って、選挙権のない彼が日本人にアピールしていた。今、9条が危ないって広島で聞いて。「1人からでも世界は変えられる」―これが彼のモットーです。教えられますね。その後、彼は私との約束を果たして、本を出しました。私が紹介した翻訳者の力も借りて。タイトルは『チャーリーです　地球人です』。自身が撮った写真もいっぱいの素敵な本なんですよ。是非読んでください。編集者は山田真歩さん。彼女、その後、俳優に転身しＮＨＫの朝ドラ『花子とアン』でクセのある宇田川女史役をやってました。仰天です（笑）。

ところで、こんなことがありました。「チャーリー、ごめんごめん！　仕事が忙しくって返事が遅れちゃった」とメール出したんです。そしたら一言。「山ちゃん、“too busy”は“too lazy”だよ」って。私流に言葉を足せば、こうなります。「忙しすぎると、人生で大事なこと、つまり友だちと語り合ったり、美味しいもの食べたり、映画観たり、小鳥のさえずりを聞いたり……に対して怠惰（ｌａｚｙ）になる。本人は勤勉とか勤労と思っているかもしれないけど、実際は逆で人生を怠けてるんだよ」と、彼は言いたかったんでしょう。「多忙は怠慢」。ｂｕｓｙとｌａｚｙ、ちゃんと韻を踏んでるから、しゃくにさわりますよね（笑）。もっとも、ｃｒａｚｙと言われなかっただけマシか。いや、ほとんどクレイジーだけど、日本人の働かされ方は。そうそう、日本語でも「忙」という漢字は、「忄（りっしんべん）」＝心を「亡くす」と言われますね。多忙は罪です。

子どもの本質は遊び

《『おてんばちいちゃんの夏休み』にみる生活と表現の豊かさ》

子どもの本質は遊びです。それは「社会的文化的胎盤」（大田堯）と言われます。戦前の生活綴方教師・小砂丘《ささおか》忠義の「原始子ども」「子どもの野性」という表現も遊びに関係があるでしょう。私の母校、高知県の宿毛《すくも》小学校の先輩で80歳になる湯川千恵子さんという方が、小学校6年当時の夏休みの絵日記を『おてんばちいちゃんの夏休み―こども土佐絵日記―』として出版したんです（冨山房インターナショナル、２０１０年）。夏休み42日間のことがびっしり、絵と文章で綴られているんですよ。圧倒的な作品。どなたか先生が指導したわけじゃなくて、書きたいから書いたんです。何よりも、書きたくなるような生活があふれていた。１９４６（昭和21）年という敗戦後間もない貧しい時代にですよ。これ、ぜひお読みください。そして、〈子どもの生活と感動・表現〉の大事さを共有していただけたらうれしいです。この本の歴史遺産的な意義に私は注目しており、日本教育学会や保育関係の集まりで報告したのですが、反応は今ひとつです（笑）。でもまあ、くじけずに問題提起しつづけます。

《「子ども時代がどれだけ〝詰まって〟いたか」》

同じく高知県出身で京都教育大学の加用文男さんが、ＮＨＫ『光れ！泥だんご』（２００1年6月）の中でおっしゃっていました。「その遊びが、将来何かの役に立つかどうかということより、子ども時代がどれだけ〝詰まって〟いたかが大事ではないか」と。教育的意義とかがどうかではなくて。ほんとにそう思います。国連は、２０１３年に「ジェネラルコメント第17号」という文書を発表しています。子どもの遊びがどれだけ必要で価値あるものかということを説得的にまとめた論文です。もうご紹介する時間がなくなりましたが、ネット上で検索して力にしてほしいと思います。

《遊び受難の時代》

漫画「ＯＮＥ ＰＩＥＣＥ」で有名な尾田栄一郎さんは、東海大学九州キャンパスの隣の付属高校のＯＢです。後輩たちにこんなメッセージを送っていました。

「ゆっくり寄り道を楽しみ、未知数のリュックにできるだけたくさんの物を詰め込んでおくこと。僕は高校時代から漫画家になりたいと思っていた。だけど、漫画だけ書いてたわけじゃない。いろんなことをやっていました。サッカーも楽しんだし……。だから、目標は大事だけど、狭くならないように、いろいろやってみたら？　遊びが大事だよ」と。

ところが、いま、子ども時代の遊びをちゃんとしないで、大学に来ちゃう若者も結構います。私は、これを「遊びの未履修問題」と呼んでいます（笑）。昨日の分科会では、いろいろやらかす４人のヤンチャな子どもたちに向き合う片山さんの驚きや挑戦が報告されておりました。過ちやきわどさも含む、ハラハラさせられっぱなしの生活。しかし、その中の遊びや感動がどれだけかけがえのないものなのか。無限の可能性が子どもの生活にはある。これを教育中心主義、指導第一主義で塗り固めてしまったら、元も子もありません。

《子どもの〈生活〉と〈感動〉と〈表現〉をつなぐ》

佐賀県鳥栖北学校の「ことばの教室」担当の小宮和子先生の実践も興味深いです。みんなの前に出て言葉で表現するのは苦手な子どもたちも、ペープサートという簡単な人形に託した劇なら、身を隠してできるわけです。そして、それをビデオに撮っておけば、一発勝負のパフォーマンスは無理でも、映像を後でつないで見てもらえる。ＩＣＴのメリットです。生活綴方と特別支援教育の〝新しいかたち〟がここにあると思いました。小宮先生は「私自身が楽しむことにしています。指示や指導じゃなくて、子どもと共に、子どもと一緒にやるということに無上の喜びを感じて教師を続けています」とおっしゃっています。

　こんなふうに、子どもの権利を尊重する、生かす取り組みというのはあちこちにあるし、これからも出てくるのではないでしょうか。またみなさんからの報告をお待ちしたいと思います。たくさんの内容を詰め込み過ぎたきらいはありますが、これで私の話を終わります。ご清聴、ありがとうございました。寄宿舎研とつながりができて、うれしかったです。

２　子どもが育つ環境と遊びの再生のために
――子ども時代の危機をどう切り拓くか

１　子どもの声は「騒音」になったのか？

子どもに不寛容な社会

もうかなり前から、路地や公園で子どもたちが遊ぶ姿を見ることは少なくなりました。たまにそんな場面に遭遇しうれしくなって近づこうものなら、「不審者」と疑われかねません。

「遊びをせんとや生まれけむ、戯《たはぶ》れせんとや生まれけん、遊ぶ子供の声聞けば、我が身さへこそ動《ゆる》がるれ」（『梁塵秘抄』１１８０年前後）。この〝子どもというのは遊ぶため、じゃれ合うために生まれてきたのだろうか。その声を聞いていると、大人である私までウキウキしてくるよ〟という光景と感覚は過去のものになってしまったのでしょうか。

２０１７年の秋、あるテーマがモーニングショーで取り上げられていました。住まいに関する総合情報サイトＳＵＵＭＯによるネット調査（２０１５年）で、近隣トラブルの上位に〝子ども関係の騒音〟がランクインしていたのです。すなわち、１位「子どもを叱りつける親の声」（21・０％）に続き2位・3位・5位が、それぞれ子どもの「騒がしい声」「泣き声」「足音」でした。ちなみに、第4

位は「ペットの鳴き声」でした。裁判で子どもの声が「騒音」と認定されたこともあります（東京地裁八王子支部、２００７年10月）。保育園や児童公園の設置に住民の反対運動が起きることも珍しくありません。子どもに不寛容な社会がひろがっています。

まちに子どもがあふれていた

「道路族」という言葉をご存じですか？　公共事業にからむ〝族議員〟のことではありません。道路で大騒ぎして遊ぶ子どもたちとその親をこう呼ぶのだそうです。とんでもない迷惑・非常識として非難の対象になります。しかし、高度経済成長のもと、クルマ社会が浸透した１９６０年代のピークであっても、道路で子どもたちが遊びじゃれ合う姿は、全国各地で見られました。

それは、熊本県山鹿市の榊建盛さんが描いたイラストによくあらわれています。「まちには子どもの声があふれていた。笑い声・泣き声・叫び声がＢＧＭのようだった」「路地から大通りに飛び出すと、おじさんに『こらー、あぶない！　人にぶつかるぞ』と、よく怒られた」と、榊さんは述懐しています（傍点は山下）。

そうした様子を克明に記録した当時の映画を紹介したのがＮＨＫのＴＶ番組「街に子どもがあふれていた―昭和39年・東京荒川区」（２００６年）です。路上が野球や鬼ごっこ、お絵かきに興じる子どもたちで埋め尽くされている様子は、今日の大人と子どもを仰天させるでしょう。クルマはむしろ遠慮がちに進入してきます。やたら塀によじのぼって集団で移動する男の子たちの目は野猿そのものです。私はある新聞の連載でこの番組を取り上げ、そこに「子ども再生のカギ」があるのではないかと書きました（「みんなで子育て」第22回、『新婦人しんぶん』２００７年２月15日）。

その映画は、子どもの交通事故の増加に警鐘を鳴らすとともに、安全な遊び場の必要を訴えるものでした。以後、全国で公園はつくられ学童保育や児童館も増設されました。しかし、あれから半世紀たった今、少子化と子どものライフスタイルの変化（塾・おけいこごと通いやコンピューター・ゲームの普及など）により、子どもが群れて遊ぶ姿はほとんど見かけません。3年前、筆者は映画に出てくる「小鳩遊園」に行ってみましたが、そこもまた例外ではなく、閑古鳥が鳴いていました。一方、学童保育に待機児童があふれているのはご承知のとおりです。こうした問題を、私たちはどう考えればよいのでしょうか。

2　遊びを知らない子どもたち

遊びが成立しない

今や、「戦争を知らない子どもたち」（1970年代のフォークソング）になぞらえて「遊びを知らない子どもたち」の時代が到来したのを実感します。たとえば、鬼ごっこでも「1位になれないと（勝てないと）しない」「できないことはしない」「負けたらパニックになって暴れる」「失敗や過ちを許せない」「すぐにあきらめる」など、最初から遊びが成立しない現状を学童保育指導員・鍋倉功さん（よりどりちどり館、福岡市）から聞きました。また、そうしたトラブルが次々と発生するので、クラスで子どもたちが「レクリエーション係」になりたがらないという、ある集会で聞いた小学校教師・中野譲さん（佐賀県）の報告もショックです。

そのままでは遊べない〝不自由な〟子どもたちですが、ちゃんとした〈環境〉と〈心ある大人〉の存在があれば、彼らは昔と何ら変わらぬ姿を見せます。よりどりちどり館では「博多ごま」「お手玉」「ゴムとび」などの伝承遊びはもとより、ファンタジックな「魔法のおばさんごっこ」から「音楽で踊る掃除」「道路横断テスト」など仕事や交通安全の取り組みまで、遊び世界が縦横無尽にひろがるのです。今日も明日も続く日常的（安定的）な時間と、気のおけない異年齢の仲間集団がそれを生み出しています（楠凡之・岡花祈一郎・学童保育協会編『遊びをつくる、生活をつくる。―学童保育にできること―』かもがわ出版、２０１７年）。

また、中野先生は荒れる子どもたちを前に、草ぼうぼうの土地を開墾し「畑で野菜をつくらないか」と提案しました。意外にも、子どもたちは「なんだかおもしろそー。やろうやろう」と反応します。先生の提案は〝変化球〟のように見えて、実は子どもたちのツボにはまる〝直球〟だったのです。ポイントは〈やらせ〉〈勉強くささ〉を排した〈遊び半分〉〈モノや自然、人とのかかわり〉です（中野譲「畑で野菜をつくらないか」『教育』２０１７年1月）。

さきほどご紹介した番組でも、２人の大人に誘われて公園で「カンけり」を始める子どもたちが登場します。興味深いのは、彼らがそれに飽き足りず、自分たちだけで「リレーごっこ」を始めたことです。きっかけさえあれば、いつだって子どもの心に火はつきます。

子どもの時間が奪われてゆく

２０２０年度に導入される小学校の学習指導要領のもとで、授業時数の増加とあいまって、子どもたちの学校生活から休息や遊び、自由時間が奪われようとしています。移行期の今すでに、授業と授業の間の10分休みが5分に減らされたり（中には、なくしたり！）、昼休みを45分から15分にしたりという信じられない事態が進行し、あちこちから子どもの悲鳴が聞こえてきます。静岡県のある町が来年度の夏休みを16日間に短縮する方針を発表し、ニュースになりました。新指導要領の学力中心路線が背景にあります。これらは人権問題そのものであり、子ども時代の危機を招いているといえないでしょうか。労働基準法のような「学習制限法」が必要ではないかとさえ思えます。

※この問題については、拙稿「〈子どもの自由と遊び〉が奪われる新たな段階の危機―今こそ『子どもの権利条約第31条』の出番」（『クレスコ』2016年11月、大月書店）、および「子ども時代を奪わないで―『子どもの権利条約』第31条の今日的意義」（『教育』2017年1月、かもがわ出版、本書次節に再掲）を参照していただければ幸いです。

こうした動きを量的管理とするならば、「道徳」の教科化や学校ルールのスタンダード化（大阪市の「学校安心ルール」など）は、子どもをタテマエでしばる質的管理と呼ぶことができるでしょう。学校外でも「きまり」や「禁止事項」がふえているのは大変問題です。

「子どもの権利条約」第31条から考える

基本に立ち返りましょう。日本が批准して23年たつ国連「子どもの権利条約」第31条は、子どもにとって「休息・余暇、遊び・レクリエーション、文化・芸術」が権利であると明記しています。2010年、この条文にかかわって、「子どもの遊びの時間およびその他の自発的に組織された活動」を進めている「先導的取り組み」を「支援する」よう、日本政府は勧告されました。さらに、2013年に発表された国連「ジェネラル・コメント（総合的解説）」№.17は、この条文の意義について、以下のように力説しています。

「十分な休息を与えられないと、子どもたちは、有意義な参加や、学習に対する気力、やる気、身体的精神的能力を失ってしまう」

「子どもたちはその余暇を自分たちの思うままに、活動的に過ごしたり、何もしないで過ごしたりできる」

「遊びはしばしば重要なことではないと見なされるが…子ども時代の楽しみの基本的で欠くことのできない（ｖｉｔａｌ）側面であり、身体的・社会的・認知的・感情的・精神的発達の本質的な構成要素である」（傍点は筆者）

人間は遊ぶ存在（ホモ・ルーデンス）だとホイジンガは唱えましたが、彼を批判的に受け継いだカイヨワの《エネルギーの無駄使いから遊びが生まれた》という説は、ほんとうに興味深いと思いませんか？　遊びは「重要なことではない」どころか「無駄」なのに「必要」だという究極のパラドックス！　子どもにとって、「遊び」は睡眠や休息と同様に、なくてはならない「権利」なのです。

私もそのメンバーである「31条の会」（「子どもの権利条約 市民・ＮＧＯの会」の「子どもの生活部会」）は、国連の日本政府報告書審査（１９９８年・２００４年・２０１０年）に合わせて過去３回、レポートを提出してきました。２０１７年の11月には、第４／５回のレポートを送付しました。

「31条の会」は、この条文の意義を確かめ実践に生かすべく、２０１７年に2冊のブックレットを相次いで出版しています。増山均著『「あそび・遊び」は子どもの主食です！―子どもの権利条約31条と子どもの生活の見直し―』と、北島尚志著『子どの育ちとあそびの力―あそびが主食となるために―』です（子どもと文化のＮＰＯ Ａｒｔ．31発行）。前者は〈余暇や気晴らし〉を、車のハンドルやブレーキの〝ゆとり〟にたとえて、ひらがなの「あそび」と表記した上で、「あそび」あっての「遊び」がもつ「8つの役割」をあげています。一方、後者では、遊びを妨げる／励ますさまざまな具体例を紹介しながら、「あそび世界」で育つ「子どもの４つの力」とは何かをまとめています。ぜひ読んで、深めていただきたいものです。

また、遊びは子どもが被虐待体験や自然災害といった生命の危機、あるいは不登校などの困難な状況に直面したとき、そこを乗り越える〝突破力〟になることも指摘しておきたいと思います。2016年4月の熊本地震での教訓は『子どもの権利手帳 パートⅡ』(「いのち・そだち・まなび」京都子どもネット編著)に取り上げられていますし、私も『子ども白書2016年版』や『子どものからだと心白書2016』などで現地から発信しました。

3 日常の中に子どもの居場所と活動拠点を

私は、クルマの往来の激しい道路で子どもたちの遊びを復活させろと言いたいのではありません。歴史的にそこから〝排除〟された彼らのエネルギーをちゃんと保障する環境と条件を、子どもの権利として整える必要があります。熊本の仮設団地には遊び場が計画段階から欠落していました。

本稿の最後に、3つのことを提案したいと思います。

1つ目に、それぞれの地域で子どもたちの生活と環境、遊びの実態がどうなっているかをみんなで把握しましょう。〝わがまちの子ども白書〟づくりの一環です。東京世田谷区太子堂地区では、かつて「三世代(四世代)遊び場マップ」づくりの取り組みがありました。(ここは、1978年から3年間、筆者が暮らした地域です。)

2つ目は、権利条約31条がいう子どもの権利としての〈ゆとり〉や〈遊び〉の意義を学び合い、身につけることです。2016年に改正された「児童福祉法」に権利条約が明記されたことにも確信をもち、これを活かしましょう。

3つ目に、少人数でも「遊びの会」をもち、続けること、ひろげることです。子どもも、力を借りたい青年・学生も放課後や休日が忙しく（短く）なり、遊ぶ活動が困難を極めている中でも、多くの学童保育や子ども劇場、子ども会・少年団などでは、短時間（すきま時間）でもとにかく集団で遊び、「あー、楽しかった！」と言える時間を増やそうと取り組んでいます。私も執筆に参加した前掲『遊びをつくる、生活をつくる。―学童保育にできること―』には、そのためのヒントがいっぱいです。

子どもと私たちの日常・生活圏の中に、ホッと一息つけ、集まれば楽しい何かが始まる―そんな〈居場所〉と〈活動拠点〉を築きましょう。

3　子ども時代の剥奪か保障か
――「子どもの権利条約」第31条の今日的意義

1　ゆとりなき超多忙な学校で……

「学力向上」路線に沿って子どもと教師から〈ゆとり〉が奪われる事態は、すでにあちこちの学校で進行している。私が担当した2年前の教員免許状更新講習で、熊本のある教師（男性）はこう語っていた。

子どもたちは、一日の与えられた課題・ノルマ・タスクをこなしている感じだ。今の学校はすることが多すぎて、近いうちにパンクする。心身の不調を訴える先生方も多い。
子どもとゆっくり対話する時間がほしい。

また、今年は、数年前に担任した学習の困難な小学校1年生のA子とのエピソードを報告してくれた教師（女性）がいた。少し長くなるが、紹介してみよう。

新年度、私は保護者に堂々と「生きる力は学力です。この1年でクラスの学力を上げます」と宣言する教師だった。休み時間と放課後、ときには家に行って遅れている学習を補った。6月頃、母親からA子が「私は勉強するために生まれてきたんじゃない！」と言って泣いていると連絡があった。『勉強を教えてくれている先生には言わないで』とも訴えたそうだ。それを聞いて、自分のしていることが空っぽになった。A子に教えられたことがたくさんある。いつしか、私は「生きる力は生活していける力」だと考えるようになっていた。

地域の祭りで折り紙の箸入れを作り30円で販売したときには、図工の得意なその子が大活躍した。おつりの計算などクラス全員ができるようになった。売り上げで日頃お世話になっている人にプレゼントを購入し、手紙を書くことになったのだが、A子は紙一面に得意な絵と苦手な文字をたくさん書いた。多分、生まれてはじめての手紙だったと思う。いつの間にか、休み時間や放課後を使って教えている自分はいなくなっている。

1時間の授業ですべての子どもが少なくとも基本的なところを理解できるよう教材研究し、週2回は昼休みにクラスみんなで遊ぶ日を設定しワイワイやっている。

週5日制になって「総合学習」の準備をあんなにやってきたのに、「ゆとり」が悪のように言われる今、あれは何だったんだろうと同世代の教員と話している。

超多忙な学校の中で、子どもと「対話」しながら彼らが「生活していける力」を獲得できるよう、日々葛藤し苦闘している教師たちの存在を忘れてはならない。

2　新学習指導要領の学力中心主義が子どもの時間と自由を奪う

２０２０年度から始まる次期学習指導要領に向けた「審議のまとめ」（中教審）が、公表された（8月1日）。グローバリズムや人工知能（ＡＩ）の進化に見合った「資質・能力」育成を前提にして、「主体的・対話的で深い学び」が強調され、「アクティブ・ラーニング」や「カリキュラム・マネジメント」を〝切り札〟に「学校教育の改善・充実の好循環を実現する」という。

しかし、この「まとめ」を読めばよむほど違和感がふくらんでいくのは筆者だけではあるまい。その原因は2点ある。1つは、掲げられた「主体的……」な学び、「アクティブ」な学び方、教職員・学校・地域による自主的な「カリキュラム」編成のいずれもが、ほんとうに「新しい」のかという疑問である。むしろ、それらについての過去の地道な実践を等閑視し、すでに「全国一斉学力テスト」や「ＰＤＣＡサイクル」などを通じて、「教育の改善」どころか、「競争と管理、格差と排除を子どもたち、教師たちにもたらしていることの科学的な分析・検証を欠」き、「そこで想定されている子ども像、教師像、学校像は、現実社会で呻吟する生身の人間・組織の姿ではない」ことにこそ目を向けなければならない（佐藤修司「カリキュラム・マネジメントがめざすもの—学習指導要領改訂と教育政策」『教育』２０１６年10月号）。

「主体的な学び」「対話」重視というならば、何よりも「子どもの権利条約」（１９９４年批准）の〈権利主体〉としての子ども観に依拠すべきだが、それへの言及はない。特別支援教育にかかわって後発の「障害者の権利条約」（２０１４年批准）は数か所出てくるが。

違和感の2点目は（本号の特集テーマにかかわる最大の問題点であるが）、指導内容や授業時数は

「削減しない」と宣言していることである。小学校では英語の教科化にともない、中学年・高学年で年間35単位時間（週あたり1コマ）が増え、これまで限界とされてきた週28コマを超えることになる。それを認めながら、「柔軟な時間割編成」（！）でやるべしと、「15分の短時間学習」「60分授業」や「長期休業期間における学習活動」「土曜日の活用や週あたりコマ数の増」などを例示する。お笑いの世界の「無茶ぶり」は無理難題を相手にふっかけることをいうが、カリキュラムに関しては笑えない。これは、子どもから「休息や遊びの権利」をいっそう奪う教育政策の〝暴走〟ではないか。

ところで、今年日本で公開された映画『マイケル・ムーアの世界侵略のススメ』でムーア監督が訪れた国の1つがフィンランドであった。日本で「ゆとり教育」から「学力向上」路線に舵《かじ》を切った契機が、この国が〝学力世界一〟といわれるようになった〝ＰＩＳＡ（ＯＥＣＤ生徒の学習到達度調査）ショック〟であったことはご存知のとおりである。「学力とは何か」を問い直すことなく「教育の目的が『学力向上』の一点に焦点化され」「日本の困難な現実のなかで苦闘している教師や子ども、そして保護者たちの願いや日々の営みを、無視」して「世界一」を称揚することにどんな意味があるのかという佐藤隆の指摘（『フィンランドに学ぶべきは「学力」なのか！』（熊本子育て教育文化運動交流会編、かもがわ出版、２００８年）をふまえた上で、監督のインタビューに教育科学大臣から校長・教師までが口をそろえて答える以下のような発言は聞き流せない。

◎子どもらしく日々を楽しむこと。子どもでいられる期間は短い。
◎遊びが大事だ。子どもたちはいつ遊び、友だちと交流し、人間として成長できるのか？
◎（授業時数が少ないことに関して）脳は休ませないと。酷使すると学べなくなる。
◎学校以外の場所にも人生は山ほどある。

◎学校は、子どもたちが幸せになる方法を見つけるところだ。

これらはいずれも、国を超えた子どもの成長の原理というべきである。その後、ＰＩＳＡや「全国一斉学力テスト」で一定の〝成果〟を見たにもかかわらず、さらなる長時間過密学習を子どもたちに強いる日本の教育と社会は一体どこに向かおうとしているのか？

3　豊かな〈子ども時代〉をひらく権利条約第31条

「子どもの権利条約」は批准から22年が経過したものの、国内では定着からほど遠い。さきほどふれた教育政策（学習指導要領や学力テスト）は、むしろ条約への逆行である。

条約第31条は、以下のように、子どもにとって「休息と余暇、遊びとレクリエーション、文化と芸術」が権利であることを明記している（第１項、政府訳）。

締約国は、休息及び余暇についての児童の権利並びに児童がその年齢に適した遊び及びレクリエーションの活動を行い並びに文化的な生活及び芸術に自由に参加する権利を認める。

この条約は「忘れられた条文」と呼ばれることがある。全54条（実質的な諸権利に限れば41条）の後のほうに置かれていることと相まって、他権利と比べても関心が低いことを意味する。その一方、子どもの権利論におけるこの条文の重要性は小さくない。

「子どもの健やかな成長・発達をうながすためには、①生存権・生活権（医療・福祉など）、②教育権・学習権、③子どもの文化権という三つの権利は不可欠の要素です。この『子どもの文化権』を明確にし、子どもの日々の生活の中で保障されねばならないことを明らかにしたのが、子どもの権利条約第31条といえます（増山均・齋藤史夫「なぜ今、31条なのか」『うばわないで！子ども時代―気晴らし・遊び・文化の権利（子どもの権利条約第31条）』新日本出版社、２０１２年、28～29頁）。

この権利が社会になかなか受け入れられない背景の1つには、「余暇」という訳語の問題もある。英語正文は「ｌｅｉｓｕｒｅ」（レジャー）だが、本質的には「気晴らし」「自由時間」のほうがふさわしい。

「〈気晴らし〉が権利であるということを主張すると、日本の親や教師からは大反対されるに違いありませんが、子どもにも〈くつろぐ権利〉〈のんびりする権利〉〈ごろっとする権利〉を保障しようというのが子どもの権利条約の精神です」（同上、30頁）。

4　かけがえのない子どもの時間――その輝きを取り戻すために

ミヒャエル・エンデが、子どもたちから「時間」と「遊び」を奪う「時間どろぼう」（灰色の男たち）の物語を書いたのは、１９７３年の『モモ』においてだった（大島かおり訳、岩波書店、１９７６年）。エンデの未来に向けての〝警鐘〟は、40年の時を経て、驚くほどのリアリティーをもって子どもの〈現在〉を照射する。

大人たちの多くが「ひま」を奪われ、生活も心も貧しい「抜け殻」なっていくなか、「時間どろぼう」にとって「もっとも危険な存在」「天敵」は〈子ども〉だった（154頁）。そこで「時間どろぼう」は、「子どもにあれこれと指図できる」大人を「手先」にした。

大人たちは「放置された子ども」が「道徳的に堕落し、非行に走」らないよう、「子どもの家」と呼ばれる施設をつくって、子どもたちを「社会の役に立つ有能な一員にするよう」にしなくてはならないと考えた。「子どもは未来の人的資源だ」、（これからの）「ジェット機と電子頭脳……をぜんぶ使いこなせるようにするには、大量の専門技術者や専門労働者が必要だ」と（246―247頁）。「子どもの家」に放り込まれた子どもは、自分で遊びを工夫することなど許されない。

遊びをきめるのは監督のおとなで、しかもその遊びときたら、なにか役に立つことをおぼえさせるためのものばかりです。こうして子どもたちは、ほかのあることを忘れてゆきました。ほかのあること、つまりそれは、たのしいと思うこと、むちゅうになること、夢見ることです。（247頁、傍点はエンデ）

その結果、子どもたちの中にあらわれた変化は非常に興味深い。

やれと命じられたことを、いやいやながら、面白くもなさそうに、ふくれっつらでやります。そしてじぶんたちの好きなようにしていいと言われると、こんどはなにをしたらいいか、ぜんぜんわからないのです。

たったひとつだけ子どもたちがまだやれたことはといえば、さわぐことでした―でもそれはもち

ろん、ほがらかにはしゃぐのではなく、腹だちまぎれの、とげとげしいさわぎでした」（248頁）

大学入学後、自由に使える時間がたっぷりできたとき「その使い方が分からず途方に暮れた」経験から、自らの成育史の中にその原因を探ろうとした1人の学生もまた「時間どろぼう」に時間を奪われた〝被害者〟だろう（小林泉＝仮名、当時3年生。筆者が担当する熊本大学の授業「青少年校外教育論」のレポート「『ひまな時間』を問い直す」）。

保育園時代は泥だんご・ごっこ遊び・影絵づくり・絵本などで「自由きまま」に過ごし、疲れたら寝る生活だった。そんな彼女の生活を一変させたのは、小学生になってからの部活動（ブラスバンド）と中学受験のための学習塾通いである。「すきま時間」は参考書を開くなどの「タスク」を課し、「ひまな時間」に「好きなこと」をする自分に「罪悪感」をもつようになった。その後の学生生活で自分なりの使い方を取り戻した彼女だが、「今でも『ひまな時間』が怖い」と告白する。レポートの結びはこうだ。

自分にとって心地よいこと、ワクワクすることを自然に選び取っていく力は本来だれにでも備わっているはずだが、競争社会の中で心地よさやワクワクよりも、数字的な評価を気にする脳の回路ができあがってしまった。この回路の修正は容易でない。人間として豊かで価値ある人生を送るためには、もう一度幼い頃に戻って、心地よさやワクワクを大切にする考え方をもちたい。また、自分が親になる日が来たら、子どもに「ひまな時間」をのびのびと謳歌できるような子ども時代を保障したい。

詳しく紹介できないのが残念だが、私が湯川千恵子著『おてんばちぃちゃんの夏休み―こども土佐絵日記―』（本書73頁参照）の増補改訂版（２０１５年）に寄せた解説「『子ども時代の豊かさとは何か』を教えてくれる貴重な〝遺産〟」は、『長くつ下のピッピ』などで知られるスウェーデンの作家アストリッド・リンドグレーンの言葉「安心と自由が私の子ども時代を幸いなものにした」「遊んで遊んで〝遊び死に〟しなかったのが不思議なくらい」で締めくくった。

私たちは〈子ども時代を奪うことのない生活と教育とは何か〉を真剣に考えるべき危機（＝分岐点）の段階に立っている。その見きわめ抜きに子どもの未来はないだろう。

第３章

子どもの〈いのち〉と個人の尊厳に根ざした社会へ

1　「こうのとりのゆりかご（赤ちゃんポスト）」が問いかけるもの
――日本における子どもの人権と子育て環境の危うさ

1　「こうのとりのゆりかご」設置の経緯と波紋

2006年11月、熊本市内の慈恵病院（カトリック系医療法人）が「赤ちゃんポスト」の設置計画を発表するや、大きな波紋が全国的にひろがりました。同病院は子どもの遺棄や嬰児殺しが後を絶たない現状に胸を痛め、〝赤ちゃんの生命を救いたい〟と、ドイツの「ベビークラッペ（Babyklappe）」を視察する中で、日本初となる同様の仕組みの設置を決意したのです。

その後、病院・熊本市・熊本県・地元新聞社などによって「こうのとりのゆりかご」と呼ばれるようになったこの設備は、病院1階の目立たない側壁に取り付けられ、匿名で〝預け入れる〟ことができるようになっています。外壁の特殊な扉を開けると中に保育器（インファント・ウォーマー）があり、もし預け入れがあった場合にはただちに職員にセンサーで知らされ、赤ちゃんの安全が図られます。そして、所管の警察、県の児童相談所、熊本市に連絡されることになるのです。

この「こうのとりのゆりかご（赤ちゃんポスト）」（以下、「ゆりかご」と略記）には、計画段階から賛否両論が寄せられました。「赤ちゃんの命が救える」という賛成意見に対し、「子捨てを助長する」という反対意見もありました。「どちらとも言えない」複雑な反応も少なくありませんでした。子どもの権利に高い関心をもつ人の中で、受け止めが一様でなかったことも印象的です。

私は、一連の事態の当初からマスメディア（新聞・テレビ・ラジオ）に意見を求められることが続きました。計画発表段階で私は「生命を救いたいという思いは理解できるが、子どもには出自を知る権利、父母に養育される権利もある」とコメントしました。また、翌年4月、施設許可権をもつ熊本市が「許可をしない合理的な理由はない」としてゴー・サインを出したときにも、「許可の是非中心でなく、子どもの人権と親の出産・育児への支援」からもっと議論されるべきだとの認識を表明したのでした。

2 「ゆりかご」運用後を見つめる

運用開始のまさにその初日（2007年5月10日）、預け入れられた子どもが新生児でも乳児でもなく3歳くらいの幼児であったことがいっそう問題をセンセーショナルにしました。結果的に、この日から翌年3月末までに預け入れられた子どもの総数は、熊本市によって17人と報告され、これらすべてのケースについて警察は保護責任者遺棄罪などの「事件性なし」と判断しています（2008年5月20日）。この正式の発表まで、熊本市は子どものプライバシーにかかわるとして預け入れの存否さえ明らかにしなかったのですが、情報が漏れるたびにマスコミの取材は加熱していきました。

その後、こうした流れに身を置きながら、そのつど私が慎重にコメントしたのは概略以下のような点です。

◎「運用1か月で5つの課題が見えてきた。①病院・市の説明の不十分さ、②「実の親が育てるべき」と言い放ち何もしない国の無責任、③文化的・宗教的に対立するさまざまな様相、④背景にある子どもの生命と人権の危うさ、子育て・性教育の危機、⑤専門家による検討委員会設置の必要と可能な限りの情報開示」（２００７年6月）
◎「ゆりかごは法と制度の想定外だけに冷静な対応が求められる。児童相談所や児童養護施設の課題もある。社会全体でこの難問を解けば、希望も見えてくるのではないか」（２００７年6月）
◎「国の責任は大きい。ゆりかごは『子どもの権利条約』の応用問題」（２００７年8月）
◎「ゆりかごは『ブラックボックス』。全国から寄せられている相談の多さをどう見るのか」（２００7年10月）
◎「情報が限定され、社会的議論は深まらず」（２００８年5月）
◎「母親を孤立から救い、『仕事と育児の両立』制度、精神的ケアの促進を」（２００８年5月）

これらは、限られた情報の中で想像力をはたらかせながら、どこに問題（課題）があるかを私なりに探った結果の一つひとつです。

3 「ゆりかご」が投げかけた社会的課題

日本で初めて設置された「ゆりかご」が投げかけた社会的な意味と課題について、私は２００８年8月、民間のある研究会で以下の4点を指摘しました。

まず第1に、結果として、子どもの生命を救い切羽詰まった親を受け止める「緊急避難所」「受け皿」

の役割を担ったということです。

第2に、しかし、匿名が前提の〝ブラックボックス〟ゆえの「ゆりかご」のリスクは排除できず、子どもの権利の視点からの検証・検討は手つかずのままだという問題です。どんなに「こうのとりのゆりかご」というロマンチックな名称をつけたとしても、その性格は限りなく「子どもの遺棄」に近いものです。

この〝メリット〟に対しても、〝ほんとうに「ゆりかご」でなければ救えなかったのか？〟という根本問題がつきまといます。また、ある日の地元新聞には〝生命が救われた〟という評価と〝子どもは救われたと言えるのか〟という疑問が同日の同じページに出現するという矛盾もありました。

第3に、慈恵病院と熊本市・熊本県に寄せられた相談件数の多さ（全国から1500件、2007年度）と深刻な内容は、妊娠・出産・子育てをめぐる危機、「貧困と格差」のひろがりをうかがわせます。「ゆりかご」の特異性にのみ〝ズームイン〟するのでなく、こうした〝すそ野〟の問題や児童相談所・児童養護施設、里親制度・特別養子縁組などの現状にも目を向けなければならないでしょう。

子どもの人権と権利の保障は、子どもが小さければ小さいほどその親の妊娠・出産・子育ての現実に左右されることが強調されねばなりません。

第4に、国の新自由主義政策のもとで強まっている子育ての自己責任論を打ち破り、安心して「社会で子どもを育てる」共同性（連帯性）確立の必要がいっそう浮かびあがってきました。子どもを産み育てることが喜びとなるような労働・医療・福祉・教育政策への根本的転換が求められます。子どもの権利条約はその先に「社会を子どもと育てる」未来を展望しているのですから——。

4　中期的検証の「中間とりまとめ」から見えてきた問題

２００８年９月、熊本県と熊本市が設置した「ゆりかご」に関する中期的「検証会議」（７名の専門家で構成）は、前年度の熊本市の短期検証「専門部会」（５名の専門家）による報告をふまえ、熊本県中央児童相談所が入手した社会調査情報にもとづいて「中間とりまとめ」を公表しました。この報告は、「ゆりかごに対する確たる評価を明らかにしたものではない」と断りながらも、それまでベールに包まれていた「ゆりかご」利用の実態・事情・背景を相当程度明らかにした重要な資料です（短期検証部会の報告は断片的な初期データのみでした）。

なお、中期的「検証会議」は、①「子どもの人権と福祉」、②「社会的な背景・評価・影響」、③「制度上の課題と今後求められる方策」の３点を留意して議論を進めたといいます。

今回公表された事実は、たとえば次のような諸点です。

(1) 子どもの状況

17人の子どもの性別は男児13人・女児４人。年齢区分では新生児14人・乳児２人・幼児１人だった。子どもの健康状態については異常なしが15人、精密検査など何らかの医療行為を要するケースが２人あった。さらに、出産から預け入れまでの期間が１日という母子の健康管理上、懸念される事例があった。虐待の痕跡が確認できるケースはない。

(2)「ゆりかご」利用の背景や事情

・17件のうち10件について親の居住地域が判明し、これらはいずれも熊本県外であった。全国各地から広域的に利用されている事態が見られた。
・母親の年齢は30代・40代が6割を占め、20代は3割、10代は1割だった。
・母親のうち既婚が6割、ひとり親が4割で、未婚はゼロだった。父親が不明あるいは父親に配偶者がいる事例が4割見られた。
・きょうだいがいる事例が9割を占めた。
・親が経済的に困窮している事例、逆に経済的には不安がない事例、また公的な相談窓口や仕組みについて十分理解していると推測される事例が、それぞれ複数見られた。
・医療機関で出産した事例が7割。一人での自宅・車中出産が3割と、一般の出産にくらべ著しく多い。医療機関で出産した事例の中では、母親の退院後即日または数日後に預け入れられているケースも。
・母親一人で子どもを預け入れに来たと推測される事例は2割に過ぎない。
・預け入れの前段階で「妊娠したが育てられない」と出産や養育に悩んで、居住地の児童相談所に相談している複数の事例や、乳児院にきょうだいが入所措置されていて児童相談所がかかわっていた事例がある。
・市町村の福祉担当部署が子どもの出生情報を把握していたにもかかわらず、「ゆりかご」に預け入れたあと母親が面会を拒否し接触ができなかった事例がある。出生届後に預け入れられた(一時的に二重戸籍になった)事例も。
・障がいのある子どもが預け入れられた事例があったが、その後、親が思い直すなどして引き取りとなった。

(3) 預け入れられた後の子どもの状況

・熊本県中央児童相談所が措置した子どもは、県内の乳児院や里親のもとで養育される。乳児院などの施設からは、子どもの家庭環境等の情報がほとんどなく養育・援助に苦慮しているとの訴えが出されている。

・親が判明するきっかけは、思い直して連絡をしてくる場合、手がかりを残していく場合、親の居住地の市町村などから連絡が入る場合などがあった。

こうした新たな事実関係は何を教えてくれるでしょうか。

その1つは、私たちの予想に反して預け入れた母親の年齢が十代の若年層ではなく30代・40代、それも既婚で複数の子をもつ母親が多いということ—言いかえれば、分別も経験もあるはずの母親が少なくないのはなぜか、という問題です。

2つ目に、児童相談所や自治体の相談窓口にかかわりをもちながら—言いかえれば、まったく社会的背景がつかめない人ではなく、何らかの手がかりのある人が「ゆりかご」に行き着いたのはなぜか。これらは、「ゆりかご」でなくとも救えたはずのケースではなかったのか、という根本的な疑問（仮説）です。

3つ目は、出産・育児経験をもつ人に〝これ以上、子どもを育てられない〟と思わせる寒々とした子育てと社会の風景が見えてきたということです。切羽つまった人への対応に欠ける子育て支援体制の重大な問題のあらわれではないかと考えられます。

5　子どもの権利から再検討を

「ゆりかご」を設置した病院関係者の「子どもの生命を救いたい」という思いには痛切なものがあり、児童の遺棄や嬰児殺し、児童虐待といった出産・育児にまつわるこの国の不幸な現実が〝根拠〟にあります。しかし、「ゆりかご」とは「匿名」で「安全」な病院に赤ちゃんを「委ねる」ことを「公的に認める」システムです。当の子どもからすれば、100パーセント自ら望んだことではなく、親の〝都合〟で遺棄される（＝捨てられる）ことに変わりはありません。その本質は親の養育放棄であり、子どもの人権蹂躙、権利侵害です。「ゆりかご」に預け入れられると「棄児（きじ）」として処理され、自治体によって「ひとり戸籍」が作成されます。検証会議の「中間とりまとめ」でも明らかですが、子どもにとっての「ゆりかご」のメリットは、「当面の生存（命）が保障される」という1点のみであり、それとて、すでに指摘したように「ゆりかご」でなくてはならないという必然性はありません。

親がわが子を自分で育てられない事情がある場合、親に変わって社会が保護・養育する原理とシステムをもっているのが近代社会であり、その意味で「ゆりかご」は日本の社会と政治の「遅れ」もしくは「貧しさ」を象徴するものではないでしょうか。

「ゆりかご」は、次のような大きな問題をあぶり出したと思います。

第1は、日本政府の子どもと子育てに対する冷たさです。この計画が発表され運営が開始されたとき、当時の安倍首相・厚労相・少子化担当大臣は口をそろえて「実の親が育てるべき」とタテマエを繰り返すだけで、病院・熊本市・熊本県と同じテーブルに着こうとはしませんでした。この静観の姿勢は今も変わっていません。

「少子化対策」「子育て支援」を掲げながら、出産や妊産婦健診にかかわる費用も受益者負担（個人まかせ）のままです。高い教育費も、出産と子育てを阻害しています。妊娠中からの健診の不可欠性は言うに及ばず、〝かけこみ出産〟の危険は計りしれません。

しかし、関連してもう1つ指摘しておきたいのは、政府が「棄児」に関するデータを現在もっていないことです。2000年の「児童虐待防止法」改正を機に、棄児を「ネグレクト」の件数に含めてカウントするようになったので、翌2001年以降、棄児数に限った数は把握されていないというのです。これは、子どもの権利施策上、驚くべき瑕疵《かし》と言うべきではないでしょうか。

第2に、出産や育児相談の公的機関が十分に機能していない現状です。「ゆりかご」利用者から児童相談所は「怖い」、「児童虐待に対応するところ」、「病院なら安心だ」と思われていた実態が語られたといいます（「中間とりまとめ」）。自治体の福祉窓口も含め、妊娠や出産を隠したいといった追い詰められた女性にとって〝間に合わない〟〝敷居が高い〟印象も強いようです。当事者本位の相談体制と専門職の増員は待ったなしです。

第3は、「ゆりかご」を契機として、特別養子縁組や里親制度の手続き・あり方についても見直しを求める声が高まっています。子どもの「最善の利益」と成長・発達、「家庭的養育」の視点から再検討・充実がはかられなければなりません。

第4に、「ゆりかご」を生むに至った最大の土壌は、子どもの権利意識の脆弱さと権利条約の浸透の遅れにあります。言うまでもなく、その第一義的責任を負うべきは日本政府です。条約を誠実に履行してこなかった〝ツケ〟がこんなかたちであらわれているのです。

出産を隠したり「戸籍が汚れる」と子捨てしたりする背景には、児童虐待や「親子心中」などと同様、子どもを一人の人格・権利主体として尊重する観念がいまだ根づいていない社会的要因があります。わが国の子どもの人権問題の1つとして、国連・子どもの権利委員会でも指摘された非嫡出子への差別や、シングル・マザーとその子どもに対する偏見も無縁ではありません。

子どもの権利条約について政府・自治体・関係公共機関が深く学び、国民の中にひろく普及すること、そして子どもの幸せにとって不可欠な父母・家庭・地域、医療・福祉機関への支援を「先進国」にふさわしく抜本的に整備することを強く求めます。

中期的「検証会議」は1年後の２００９年秋をめどに最終報告をまとめる予定ですが、子どもの権利条約をしっかりと検証・分析に〝使って〟いただくことを望むものです。また、熊本県に対しては、私たちが昨年〝条約が生かされていない〟として県の「子ども輝き条例」に〝異議申し立て〟した中身を再度検討してほしいと思います。それは「ゆりかご」問題と別のことではないからです。

2 子どもの人権と教育についての認識が浅くないか
――天草の小学校での「体罰」をめぐる最高裁〝逆転判決〟に思う

1 事案のあらまし

熊本県本渡市（現・天草市）の市立小学校で2002年、A先生（男性の臨時講師）がB君（2年生・当時）にした行為が体罰に当たるかどうか争われた裁判で、2009年4月28日、最高裁は1、2審判決をくつがえして〝体罰に当たらず〟と男の子側の請求を棄却しました（原告敗訴）。最高裁の判決は重いのですが、今回の内容にはそれとは対照的な〝浅さ〟（軽さ・甘さ）があり、看過できません。「こどもの日」を前に、何が問題か考えてみたいと思います。

まず、判決文に描かれた〝ことのおこり〟は概略、次のようです。

休み時間に、コンピューターをしたいと廊下でだだをこねる3年男子をA先生がしゃがんでなだめていたところ、そこを通りかかったB君がA先生の背中におおいかぶさるようにして、肩をもんだ。A先生が離れるように言ってもやめなかったので、A先生は上半身をひねり、右手でB君をふりほどいた。そこに6年生の女子数人が通りかかったところ、B君は同級生の男子1人と一緒にじゃれつくように女子たちを蹴りはじめた。A先生はこれを制止し、このようなことをしてはいけないと注意した。

その後、A先生が職員室へ向かおうとしたところ、B君は後ろからA先生のお尻を2回蹴って逃げ出した。

A先生はこれに立腹してB君を追いかけて捕まえ、B君の胸元の洋服を右手でつかんで壁に押し当て、大声で「もう、すんなよ」と叱った。

その日の夜、B君は夜10時ごろ自宅で大声で泣き始め、母親に「メガネの先生から暴力をされた」と訴えた（注…B君はA先生と面識がなかった）。その後、B君には夜中に泣き叫び、食欲が低下するなどの症状があらわれ、通学にも支障を生ずるようになり、病院に通院して治療を受けるなどした。その後、これらの症状は徐々に回復した（注…1審ではPTSDが認定されたが、2審では認められていない―TVニュース）。

その間、B君の母親は長期にわたって小学校関係者等に対し、A先生の行為について厳しい抗議行動を続けた。

2　判決の問題点

今回の「事件」と判決について、私は以下の5つの問題点を指摘したいと思います。

まず第1に、状況からして、いくら相手が未熟な子どもとはいえ、A先生が抱いた腹立ちとその場で注意しようとした気持ちは理解できます。

第2に、とはいえ面識のないA先生（身長167センチ）から胸ぐらをつかまれて大声で叱責されたB君（同130センチ）の恐怖とショックは想像に余りあるものです。先生の行為は、教育的指導を逸脱した体罰に含まれると言わざるをえないでしょう。判決文も「胸元をつかむという行為は、けんか闘争の際にしばしば見られる不穏当な行為」と指摘しています。その行為が大人、それもプロの教師によって子どもになされたのです。

第3に、判決は「悪ふざけをしないように（B君を）指導するために行われたものであり、わるふざけの罰として（B君に）肉体的与苦痛を与えるために行われたものでないことが明らかである」から、「教育的指導の範囲を逸脱するものではなく、学校教育法……にいう体罰に該当するものではない」と結論づけていますが、ここには〈二重の判断ミス〉があります。1つは、教育目的ならば有形力も許容されるという拡大解釈（＝体罰の狭いとらえ方）です。もう1つは、判決のいう「教育的指導」の目的が本件では達成されず、子どもには恐怖と精神的苦痛しか与えなかったという逸脱（ミスマッチ）の事実です。教育は（指導した〝つもり〟ではなく）子どもの側に成立するという基本原理が忘れられています。

第4に、判決は、日本における子どもの体罰が「子どものため」「教育的指導のため」と正当化されたり容認・黙認されたりしてきた社会問題への熟慮が不足しています。大人（教師）に甘く子どもに厳しい〝上から目線〟に立つ旧来の教育観・子ども観にとどまるものです。体罰は歯止めがきかず、それによって亡くなった子どももいるというのに――。

なぜそんなことが起こるのでしょうか。最大の要因は、諸法律の上位価値基準としてふまえるべき「子どもの権利条約」（世界的・歴史的到達点）が機能せず、学校教育法第11条の枠内での「体罰」判断に終始しているからです。この判決が、体罰容認の土壌を温存し、さらなる子どもの苦痛をひろげる影響をもたないようにねがっています。これでまた、国連・子どもの権利委員会に報告すべき〝負の遺産〟が1つふえたのは残念というほかありません。子どもの指導・教育というものが本来もつむずかしさ、そして何よりも「教育とは、子どもの人間としての尊厳を輝かせる仕事だ」（教育学者・宗像誠也のことば）という出発点を思い起こしたいものです。今の先生たちに、そのような研究のための時間が与えられているでしょうか。いや、それ以前に、子どもと心かよわせ語りあう時間が与えられているでしょうか。

第5に、どうしても残る〝後味の悪さ〟についてもふれておかなければなりません。このケースが裁判にもちこまなくてはならないほど（最高裁まで！）、こじれてしまったのはなぜか。当事者・学校関係者の間で話し合えば解決できるレベルの問題ではなかったのでしょうか。こんな素朴な疑問を抱くのは私だけはないと思います。逆に、裁判を起こすべきなのにそうならなかった重大な体罰事件がどれほどあることでしょう。わが子が教師に殴られ、耳の鼓膜が破れても黙っている親、授業中読んでいたマンガ本で前後3回頭をたたかれた子の親が学校に問い合わせすらしなかった例を、私は知っています。A先生の教師としての過ちと再起の可能性が、B君の成長の課題と子どもの人権問題が、裁判の勝ち負けの裏に消えてしまうのが悲しい。B君の母親が、たとえば「モンスター・ペアレント」のレッテルを貼られてしまうこともおかしい。

今回の判決の問題点を、プラスに転化させるような語り合いが必要だと思います。でないと、やりきれません。でないと、誰も救われません。

【注】

◎学校教育法第11条「校長及び教員は、教育上必要があると認めるときは、文部科学大臣の定めるところにより、学生、生徒及び児童に懲戒を加えることができる。ただし、体罰を加えることはできない。」

◎「子どもの権利条約」は、当然ながら「**あらゆる形態の身体的もしくは精神的な暴力**」から子どもを**守る義務が締約国にある**ことを明記しています。

１９９８年、国連・子どもの権利委員会は日本政府に対して、「学校において重大な暴力が頻発していること、特に、**体罰が広く用いられていること**、および、生徒間に膨大な数のいじめが存在していることを懸念する」とし、「学校における暴力を防止するため、特に、**体罰およびいじめを根絶する視点にたって**、包括的なプログラムを開発するよう、また、その実施をきめ細かく監視するよう」、そして体罰を法律で禁止するだけでなく「**子どもの人間としての尊厳と合致し、かつ、本条約と適合する、代替的な形態の懲戒**が行われることを確保するために、意識向上キャンペーンが行われるよう」勧告しました。（太字は山下）

3　子どもの言い分ともうひとつの事件

①子どもの言い分を排除した事実認定（４・28最高裁判決）に驚き！

さきの小文をまとめた直後、私の知人であるこの裁判を担当したＢ君側弁護士にメールしたところ、驚くべき返信が届きました。私も、判決文がいうＢ君の一連の「悪ふざけ」にどこか違和感を抱きながらも、事実ならばとＡ先生の立腹と行為の動機に限り、一定の「理解」を示したのです。しかし、事実関係においてＢ君の主張は、以下のように判決文のそれ（＝Ａ先生の主張）とは大きく異なるものでした。

遊び友だちであるＣ君（３年生）が「教師２人」にはさまれて「叱られている」姿は、Ｂ君の目にはいじめられていると映った。そこで、それを緩和させようとＡ先生の肩をもむ行為になった。

A先生が「するな」と振り払ったために、B君は転倒した。腹を立てたB君は、すわっているA先生のふとももを2度蹴った。A先生はこれに怒って立ち上がったので、B君は逃げた。A先生はB君を追いかけて、件《くだん》の「体罰」に及んだのである（「小2の子どもが、立っている大人の臀部を2度も続けざまに蹴ることは不可能だと思う」と弁護士は述べています）。

なお、6年生の女の子にじゃれついて云々は、それ以前に起きたことで、時間的にずれている。

どうでしょうか。これらが事実だとすると、B君の一連の行為はけっして「悪ふざけ」ではなかったことになります。それぞれに〝わけ〟が認められるし、こちらのほうがよほど具体的であり、合理的な説明がつくように思います。

私が現時点で痛感することの1つは、「裁判って何なのか」という疑問です。とりわけ、子どもの意見を一切容れない、まさに権利条約第12条無視が一つひとつの子どもの言動の解釈をゆがめ、結局、誤った結論を導いているのではないかという問題です。2つ目に、もしも「事件」直後か提訴の早い段階で、子どもの権利に関心をよせる私たちが知り、何らかの関与ができていれば、解決はあるいは違った方向に向かったかも知れないという残念な気持ちです。

②誰も救われない異様な〝解決〟——同じ市内で起きた体罰事件（2009年4月24日）

折もおり、「こどもの日」に別の体罰事件が発覚しました（注）。事件そのものは、弁解も擁護もできない立派な傷害事件ではないでしょうか。そこに「指導目的」などの理由づけの入る余地はまったくありません。教師は我を忘れて〝キレ〟てオセロ板を踏み割り、平手でたたき板の破片で子どもに小さくない傷を負わせました。

事件だけでも重大なのに、私が慄然《りつぜん》とするのは、その後の学校・保護者・教委の対応です。

校長が市教委に報告したのは、事件から12日もたってから。被害者の父親は「しつけができていなかった」家庭の責任を口にし、「良い先生なので、処分軽減を求めたい」とコメント。5月12日、PTA会長と保護者らは全校児童の親と地域住民から集めた1555人分の嘆願署名を県教育長に提出しました。加えて何より信じがたいのは、負傷した子どもの作文（反省文）が資料として付されたことです（当日のTVニュースより）。まさに二重の人権侵害です。

この日、男性教諭に下された懲戒処分は最も軽い「戒告」でした。事件を知ってわずか1週間後というスピードです。とても十分な検証がなされたとは思えません。これでは、子どもはもちろん、教師だって救われないでしょう。

（注）男性教諭（45）が、朝自習の時間に隣の学習室でオセロゲームをしている5、6年生4人を発見。教諭はオセロ盤を踏み割り、2人のほおを平手でたたき、残りの2人の頭をオセロ盤の破片でたたいた。その際、1人が後頭部に2センチの裂傷を負った。（『熊本日日新聞』教育欄、5月29日）

この国の遅れた人権状況（地域から国レベルまで）を再認識させられます。熊本で、全国的取り組みの中で、そして国際舞台で子どもたちを救う力をいっそう強めたいと決意しています。

3 ひとり親家庭の子育て〈試論〉
——子どもと対話し、地域で支え合う

『生活教育』編集部から表題のようなテーマをいただいたものの、いざ着手する段になってハタと困ってしまいました。ひと口に「ひとり親家庭」といっても母子家庭・父子家庭の違いがあり、さらに離別・死別・非婚といったいくつかのタイプが存在し、別居や祖父母との同居などのケースも視野に入ってきます。経済的・社会的・福祉的・教育的なアプローチが必要であり、それらを一手に引き受けることは到底不可能だからです。

ここでは、子どもの権利や子育て論・教育学の立場から、拙稿「父子家庭の子育てから見える世界—体験的シングルファーザー論—」(『子ども白書2009』所収)や、自助グループ「しんぐるPネット熊本」での経験(1999年—2009年)をふまえた部分的な「試論」もしくは「私論」にとどまることをお断りします。ホットな課題である「共同親権」や「ハーグ条約」については、紙幅の関係から断念せざるをえません。

1　ひとり親家庭がおかれた格差と貧困の実態

今、ひとり親家庭は……

まず、ひとり親の実態から見ていきましょう。

２０１０年の国政調査で「一人ぐらし世帯」（32・４％）が「夫婦と子どもからなる世帯」（27・９％）を上回り、最も多い家族形態となったことが注目されましたが、「ひとり親と子どもからなる世帯」もまた少数派ながら上昇を続けています（約４５２万世帯、８・７％。「子ども」に成人を含む）。

そして、子どもが20歳未満で未婚の「ひとり親世帯」に限ると「母子世帯」が約１２４万世帯、「父子世帯」が22万世帯です。ただし、このうち（他に同居家族のいない）母子のみ、父子のみの狭義の「母子世帯」は約76万世帯、「父子世帯」は約９万世帯にしぼられます（厚労省、平成23年度全国母子世帯等調査）。

ひとり親世帯になった理由では、母子世帯で「離婚」８割、「死別」１割であるのに対し、父子世帯では「離婚」７割、「死別」２割です。１９８３年には母子・父子ともに「離婚」が５割、「死別」が４割でしたから、離婚によるケースが増えているのが分かります。

次に、ひとり親の就業を見ると母親の81％、父親の91％が働いているものの、正規雇用は母親で39％にとどまり（父親67％）、就労収入（平均・年間）も母親は１８１万円、父親の場合も３６０万円にすぎません。なお、生活保護を受給しているのは母子・父子ともに１割です。

とびぬけて高い貧困率

近年、日本の国民と子どもの貧困が問題となっていますが、その中でもひとり親世帯の相対的貧困率は50・8%ととびぬけて高く、OECDによる国際比較（2000年代半ば）では「ひとり親世帯」（ここでは、世帯主が18歳以上65歳未満の世帯）の貧困率は58・7（平均30・8%）で、加盟30か国中ワースト1です。50%を超える国は他にありません。ちなみにトップ4は北欧4か国が占めています。

特筆すべきは、日本の母子世帯の貧困の突出ぶりであり、日本のシングルマザーは〝働いているのに貧困から抜け出せない〟というのが問題なのです（『子どもの貧困白書』明石書店、2009年）。内閣府も「一旦生活困難な状況になると長期にわたり抜け出せない（固定化）、生活困難な状況が次世代に受け継がれる（連鎖）といった状況」を否定していません（『男女共同参画白書』平成22年版）。

ところが、2012年末に発足した第二次安倍内閣は、女性を「成長戦略」に組み込み、「眠れる資源」や「含み資産」といった表現で経済発展の〝道具〟としか見ないような政策を強めています（『男女共同参画白書』平成25年版）。これは、貧困問題の根本的解決をはかり、真の男女平等、ひとり親を含んで「仕事と子育ての両立」を実現する道に逆行する動きです。

2000年代に入り福祉の世界に持ち込まれた新自由主義の考え方、すなわち自己責任論と一面的な就業促進＝自立論の流れを見直すのではなく、弱肉強食の競争社会にひとり親家庭を投げ込み、格差と貧困をいっそうひろげるものといわなくてはなりません。

民間の調査によれば、就学前と小学生の子どもをもつシングルマザーの7割が現在の生活を「苦しい」と答えていますが、中高生の子どもがいるシングルマザーになるとその数は9割に上ります。最大の原因が教育費である（8割）のは明らかです（NPOしんぐるまざあず・ふぉーらむ『母子家庭の仕事とくらし③』２０１１年、および『母子家庭の子どもと教育』２０１０年）。

2　ひとり親家庭の子どもと子育て

母子・父子の違い

日々の子育てにおいては母子家庭と父子家庭では共通点とともに違いも見られます。国の調査によると、「子どもについての悩み」で母親・父親ともに最も多いのは「教育・進学」でした（母56・4％、父50．6％）が、2位の「しつけ」に次ぐ3位は母親が「就職」であるのに対し、父親は「食事・栄養」であり、「衣服・身のまわり」も母親の3倍以上です（前掲、平成23年度全国母子世帯等調査）。ジェンダーがらみというべきか、食事づくりの苦手な父親はまだまだ少なくないようです。この問題は、自身の健康はもとより、子どもの成長にかかわる重大事であることが社会的にもっと認識される必要があるでしょう。

〝ひとり親でも大丈夫〟

さて、本題の「ひとり親家庭の子育て」に関して、大きな示唆を与えてくれる3冊の本をご紹介しながら、〈何が大切か〉を考えてみたいと思います。

1冊目は、臨床現場の経験豊富な児童精神科医・佐々木正美さん（川崎医療福祉大学特任教授）の『ひとり親でも子どもは健全に育ちます―シングルのための幸せ子育てアドバイス』（小学館、２０１２年）です。本の帯に「目次を見ただけで、励まされすぎて涙が出ました」（歌人・俵万智）とあるように、今、この本が多くのひとり親に力づよいエールを送っています。

「少なくとも私の臨床体験のなかでは、両親の離婚を引きずるような子どもには、これまで会ってきませんでした。おとなが思っているほど、離婚は子どもには深い傷になっていません。子どもに限らず人間には、体だけでなくこころにも回復力があり、自分が置かれた現実を受け入れることができます。しかも、子どもはおとなよりたくましく柔軟で、現実に順応していく力は強力です。だから、離婚が子どもに与える影響というのは、もちろんゼロではないし、つらいことですが、さほど心配しなくてもいいと思います」（91頁、傍点は山下）

「大切なのは、日常生活を親子で自然に、淡々と営むことです。そうしたふつうの生活を送ることで、離婚後、たとえ子どもが離婚以前とは違う様子であったとしても、やがて子どものこころが落ち着いて、穏やかな暮らしをすることができるようになります。（中略）重要なのは離婚を選択した親が、そうした自分の生き方に自信を持ち、子どもの前でそれをしっかり示すことができるかどうかです」（92頁、傍点は山下）

私も経験者の一人として彼の見解には基本的に同意し、歓迎します。ただ、経済的なことも含め「自然」な「ふつうの生活」「穏やかな暮らし」をし、「自信」を持ってわが子に向き合うことの困難をかかえているのが一般的なひとり親なのではないでしょうか。

離婚後の親子関係への懸念

佐々木さんと同じく〝離婚大国〟アメリカに学びながらも、臨床心理士として多くの離婚調停にかかわってきた棚瀬一代さん（神戸親和女子大教授）の『離婚で壊れる子どもたち—心理臨床家からの警告』（光文社、２０１０年）は、「幸せになる離婚」と「不幸せになる離婚」を分かつのは何かを「子どもの最善の利益」（子どもの権利条約）の視点からシビアに問題提起する対照的な1冊です。

私がドキッとさせられたのは「親の子ども化」と「子どもの親化」という懸念の箇所です。この現象は「離婚家庭でのみ起きるのではな」いが、ひとり親家庭においては「単純な親子関係の逆転ではない点が重要」だとして、次のように言います。

「子どもは親にとって、保護者であるばかりではなくて、恋人であり、助言者であり　調停者である。さらに、相手方の親や親戚に対抗する戦友であり、また、親が抑うつ状態に陥ったり、自我が崩壊するのを防ぐ重要人物でもある。こうなると、子どもが担う役割はあまりにも複雑かつ荷の重いものとなってしまう」（31頁）

棚瀬さんも「子どものレジリエンス（逆境を跳ね返す力）」は有用だと考えていますが、「その子どもに元々備わっている力だけでは十分ではなく」「経済力やコミュニティ・サービス」を含む「守りやサポートがどれだけあるかが大きくかかわってくる」と指摘します（94頁）。役割逆転が長期化した子どもは「見かけは大人びているにもかかわらず、内面は真の成熟には至っておらず、もろさを抱え」ることになり、いじめ・不登校・ひきこもりなどの「二次的な問題が生じてくることも多い」（32頁）と書いています。

こうした分析をふまえ、棚瀬さんは「親は新たな境地を求めるが、子どもは今まで以上の『安心』と保証を必要とする」「渦中の親以外に、子どもを支える存在が必要」だと提起するのです。

子どもの思いを聞くこと

お勧めの3冊目は、NPO法人Wink編/新川明日菜・光本歩・新川てるえ・坂田雅彦・田中秀明著『Q&A 親の離婚と子どもの気持ち—よりよい家族関係を築くためのヒント』(明石書店、2011年)です。親の離婚に巻き込まれ生きてきた子どもたち約30人の声を集めたこの本は、さきほどご紹介した2冊の本の〝違い〟を埋めてくれる役割も果たすのではないでしょうか。

本書の元になったのは1988年生まれ(20代)の明日菜さんと歩さんによる「両親の離婚や再婚を体験した当事者として、今まで語られることのなかった、子どもの〝ほんとうの〟気持ちを世の中に発信したい」と始めたブログ上での「アンファン宣言」(2010年)という活動でした。その「無責任な親反対! 離婚による子どもの被害をなくそう」という〝過激な〟スローガンは、親の側にすれば聞きたくない言葉に違いありません。明日菜さんの母親・てるえさんは、こう問いかけます。

「今まで離婚家庭の子どもたちは、親に遠慮して声を出せずに、つらい気持ちを自分のなかに封印してきたのではないでしょうか? 成人後も、ひそかに親を恨んでいる人も少なくないのは、そのせいかもしれません」(206頁)

「子どもは親に〝ほんとうの〟気持ちを理解してほしいのです。そのためには、親は恐怖心を捨てて子どもと向き合い、今まで子どもが言い出せなかった本心を聞き、受けとめる必要があるのではないかと思います。離婚時には子どものことを最優先に考えようと思いながら離婚したつもりでも、ほんとうにそうできていたでしょうか?」(207頁)

とはいえ、「子どもたち自身は、大人が想像するほどの思いを抱いていなかったり、大人が思っている以上の思いがあったり、気持ちはさまざま」なのです。まずは、子どもの声を聞くことから始めましょう。それは「子どもの意見表明権」（子どもの権利条約第12条）にかかわることであり、何より大事なのは「子ども〝に〟ではなく、子ども〝と〟」（コルチャック先生）という〈対等〉の関係、〈対話〉の姿勢です（本書68頁参照）。

親の離婚を経験した子どもたちの声は、ときに親を戸惑わせることはあっても、限りないやさしさを含んで、むしろ安心させてくれます。

「毎日の忙しい生活の中で言葉にして伝え続けるのは難しいけれど、小さいことで　いいんです。好きなご飯を作ってあげるとか、一緒にテレビを見て笑うとか。その愛され体験があれば思春期で反抗的になっても、いずれ親に感謝する子どもに成長すると思います」（明日菜「愛情は小さいのをたくさん」１１４頁）

「父親に育てられるという面では良いこともありました。『できること』を父と共に増やしていくことができたのです。不器用な父でしたが、父なりに努力してくれました。キャベツの千切りは日に日に細くなり、洗濯物もパンパンと叩いて干すようになりました。実は私と父で調べに調べ、実践した結果です。（中略）お母さんなら普通に知っているであろうことを父が知らなかったからこそ学べたこともあれば、お父さんに育てられたからこそ経験できたことも、父子家庭で育った私にはたくさんあり、思い出もたくさんあるのです」（歩「父子家庭で育つということ」２００頁）

3　ひとり親家庭の子どもと親を支えるもの

すでに述べたように、ひとり親家庭の最大の困難は経済的問題であり、それとかかわるわが子の進学問題です。この間の当事者と幅ひろい支援者の要求運動によって、民主党政権下で児童扶養手当が父子家庭にも支給されるようになったり、〝5年間受給後の減額〟が凍結されたり、生活保護の母子加算が復活したりしましたが、第二次安倍政権のもと、「子どもの貧困対策法」が２０１３年６月に成立する一方で、８月には生活保護基準の引き下げが断行されるなど、ひとり親家庭を支える取り組みは重大な局面を迎えています。

そのことを喚起した上で、ひとり親家庭への〝応援メッセージ〟をお伝えして本稿を閉じたいと思います。４年前（２００９年）の『子ども白書』拙稿に付した5項目に肉づけしたものです。ここに含まれる当事者の声・実情・課題は、保育士や教師、母子自立支援員や保健師やソーシャルワーカー、福祉やＮＰＯの団体関係者、地域の児童委員・民生委員など、ひとり親の周りの人々にとって「何を支援すべきか」へのヒントにもなるでしょう。

（1）わが子と向き合う毎日をていねいに味わって過ごしましょう。ほとんどのひとり親にとっては余裕のない〝綱渡り〟の生活でしょうが、短時間でも一緒に家事をしたり遊んだりの〈対話と共同〉の関係がエネルギーにも思い出にもなります。

（2）困ったときには1人で抱え込まず、周りに助けを求めましょう。相談相手の一番は親族ですが、「知人・隣人」を頼りにする人がふえています（母子の43％、父子の35％、前掲・平成23年全国母子世帯等調査）。〝ご恩〟はいつか倍返しで。

（3）大人である自分の時間や世界をもちましょう。「子連れシングル」すなわち親だけど「個人」「生活者」である自分を見失わないということです（神原文子論文、NPOしんぐるまざあず・ふぉーらむ・関西編『ひとり親家庭を支援するために』大阪大学出版会、2012年所収）。子どもと煮詰まってしまわないように——。

（4）子どもつながり、ひとり親の仲間、地域の支え合いを大切にしましょう。保育園や学童保育の保護者会、学校のPTAはもちろんですが、当事者の自助グループがあればこんなに心強いことはありません。孤立無援にしないことが大事です。

（5）大変だけど、声をあげ行動しましょう。ひとり親も普通に生きられる社会・時代を。国・自治体の子育て支援も、当事者の願いが届いてはじめて本物になります。

最後にもう1つ付け加えるなら、完璧な親をめざしてがんばりすぎないことです。70点ぐらいでどうでしょう？

4　不登校の子どもの権利と未来
――いま、私たちにできること

「登校拒否・不登校に学ぶフレンズネットワークくまもと」21周年記念講演（2018年6月10日）、熊本市

1　「学校に行ってても行ってなくても、子どもの未来は明るい」

みなさんが向き合ってこられた不登校という現象は、社会的な広い視野と深い懐をもって、「子どもにとって何が一番大事なのか」という物差しと、子どもは教育の対象ではなく主人公なのだという「子どもの権利条約」の子ども観に立って初めて、その本質が見えてきます。

もちろん単純ではなく、子ども自身や、子どもと周りの人との葛藤が付きもので、すんなりはいかないでしょう。でも、学校に行ってても行かなくても、子どもは日々成長しているのです。今日という日の輝きを見失いたくないものだなと思います。

少し前、ＮＨＫラジオの『すっぴん！』という番組の中で、あるリスナー（母親）が「子どもが大学に入って一安心です」「わが子が不登校になった時、この子の人生はもう終わったと思った」とおっ

しゃったんです。それを聞いたアナウンサーの藤井彩子さんは、「学校に行ってても行ってなくても、子どもの未来は明るいです。楽しいことが一杯あります」とサラッとおっしゃいました。楽天的過ぎるという人がいるかもしれませんが、私はその言葉がスーッと胸に入ってきました。

実は昨日の夜、藤原朱美さんの本『わたしの愛しい子どもたち―朱美先生の子どもエッセイ―』の出版記念パーティーに参加し、阿蘇に一泊して今朝帰ってきたところです。

朱美さんは小学校の先生ですが、彼女のこの本には〈子どものかわいさ〉があふれています。だけど不思議なことに、こういう先生は〝異端視〟される時代なんですよ。

例えばこんな話があります。昨年の4月教職についた新米の小学校の先生に、大学の恩師が「子どもってかわいいでしょうね、それがあるからがんばれるというほどに」と何気なく聞いたら、その先生は「いいえ、子どもをかわいいなんて思っていたら、教師の仕事は勤まりません！」と否定したというのです。まったく予想しなかった返事に、恩師の先生は二の句が継げず、「これは現場のSOSだな」と思ったと、私に話してくれました。子どもをかわいいとも思えないで授業や生活指導だけするのが教師の仕事なんでしょうか⁉　不思議というか、大きな問題だと感じました。

朱美先生は、子どもが授業中よそ見していても叱りません。本当に面白いことを子どもが見つけていたりするからです。そんな彼女も、先月は残業が80時間を超えて、「忙しくて倒れそう……」と言いながら子どもに向き合っています。先生のモットーは「子どものそばにいる大人でありたい」ということです。こういう先生を孤立させないことが大事ですね。

学力向上路線で詰め込みの新学習指導要領が、再来年から小学校、中学校、高校と順次実施されていきます。いや、もうすでに組み込まれて進んでいます。そういう状況をみていると、残念ながら不登校はまた増えるのではないかと予想してしまいます。

こないだ入学したばかりの小学1年生ですが、5月の連休明けには「学校やめたい」と言ってる子がかなりいるんだそうですよ。例えば、習いたてのひらがなを書いたノートに、赤々と添削の指導。小さい子は自分が否定されたと受け取るんじゃないですか?

学校の先生方は「最初が肝心」とおっしゃるけど、一番肝心なのは「学ぶこと、学校に行くことが楽しい」と感じること。それをいきなり嫌いにさせてどうするんでしょうかね。〈できる、できない〉で子どもを見る、しばる動きが加速しています。

2 「ありがとう不登校」って、どういうこと?

こんなおかしい日本の教育システムと超多忙な社会を変えるヒントは、子ども、とりわけ不登校の子どもたちから見えてくるのではないか。そのことをまざまざと知るきっかけになったのが、フレンズネットワークが1年前に出版した『ありがとう不登校』という本です。

不登校に「ありがとう」って、ちょっと不思議なタイトルですよね。なぜこんなタイトルがついていると思うか、大学生たちに討論してもらったら、どの班からもけっこう的確な〝答え〟が出てきました。

「不登校をして自分を見つめ直すことができた」「学校に通うだけではない他のことができた」あるいは「教師の指導を問い直す機会になった」また「不登校を受け入れてくれた人への感謝」や「不登校だった自分の勇気への感謝」……などという〝予想〟が出てきてびっくりしました。若者たちの中に他者の経験や思いを想像する感性を見て、私は希望を感じました。

別の話ですが、部屋の大掃除をしていたら、30年前の女子学生が書いたレポート「登校拒否—中学生時代の忘れられない出来事」が出てきました。

　登校拒否になったクラスメイトを毎朝迎えに行くことになって、遅刻しないかとハラハラしたけど、だんだんその子たちのことが分かってきたとB4用紙4枚にびっしり書いています。

「登校拒否のむずかしさについて考えさせられました。よく〝ぜいたく病〟だと言われますが、決してそんなものではないのです。それぞれに傷があるんです。でも普通のケガと違い、探しにくいとても深い傷なんです」「現在、登校拒否の問題が深刻なものになっているが、それは人の立場に立って考えることが少なくなったからではないか。いや、もっと奥深い社会に根ざしたものかもしれません」と—。

　フレンズネットワークの初代代表、前島康男さんらが昨年末に出版した『登校拒否・不登校問題のこれからを考えよう』もすごくいい本です。前島さんは冒頭の論文の中で、不登校のとらえ方の変遷と教育機会確保法の問題点を鋭く指摘しています。21ページに及ぶ力作です。広木克行さんの2015年の国会での参考人発言も載っています。「不登校になった子どもの心を理解することが大事。政府は、不登校の子どもを学校へ戻す、数を減らすということばかりに気を取られている」といった内容です。

「支援という名の脅威」についても書かれています。支援が子どもの脅しになる場合がある。学習は大事だが、学習に矮小化されてはならない……。不登校の子どもは大きな不安の中にいます。この不安をどうやって取り除くのかが大事です。とかく政策というものはその場しのぎ、問題の根本や本質に迫らず、油断できません。

3　奪われる子ども時代——国連の勧告

日本政府は1998年に、国連の子どもの権利委員会から、不登校の要因ともなっている「きわめて競争主義的な制度」を見直すよう勧告を受けました。つづく2006年、2010年にも同じことを指摘されています。でも逆に、その後、全国一斉学力テストを導入し、結果を公表して競争をあおってきたんですよね。

2010年に私がジュネーブの審査を傍聴して感じたのは次の5点です（詳しくは第2章1参照）。①子どもの格差と貧困の広がり。②子と親、教師との関係性の薄さ。③子どもの孤独感（日本の子どもがダントツの1位！）。④ゆとりと遊びの権利（条約第31条）の剥奪。⑤企業のもうけ主義から子どもを守る規制がない。

昨年の暮れにネットで話題になったのが、子ども向け栄養ドリンクに「疲れてもガンバレ」と書いてあったことです。疲れたら寝るか休むかでしょう？　これを取り上げた人は「この国は病んでいる」と書き込んでいました。

新たな政府報告書（第4・5回）が昨年6月に出ました。この中身と問題点について、少しご紹介します。

条約を批准して以来、国は「児童の権利の保護・促進に努力してきている」と書く一方、「校則の制定、カリキュラムの編成等は、児童個人に関する事項とは言えず、第12条1項でいう意見を表明する権利の対象になる事項ではない」と断言しています。

一番驚いたのは、日本政府が「今次報告に対して貴委員会が『高度に競争的な学校環境が、就学年齢にある児童の間で、いじめ、精神障害、不登校、中途退学、自殺を助長している可能性がある』との認識を持ち続けるのであれば、その客観的な根拠について明らかにされたい」と開き直り、国連に〝逆ギレ〟していることです。

政府報告書に対抗する市民・NGO報告書に私が書いたのは「熊本地震と子どもの権利」です（第4章参照）。地震直後の下江津湖公園の少なくとも3か所で水が新しく湧き出ていて、上半身裸になった男の子たちが夢中になって遊んでいた。そして別の子たちも木に登ったりしていたんです。彼らはまるで野猿のようでした。日常では眠っていた〝子どもの野生〟が姿を現した―。すぐに写真を撮って、そのことを国連にも報告しました。子どもの権利の再発見です。

仮設団地に子どもの遊び場がなかった件も指摘しました。行政は子どものことなんか眼中にないのか。子どもって立場が弱いんですね。

不登校のきっかけについては、不登校の子どもと学校教職員の間に大きな認識のズレがある。市民・NGOの統一報告書は、文科省の調査をもとに、このことを具体的に指摘しています。「いじめを含む友人関係」が、子どもは52・9％なのに学校関係者は16・5％しかない。「勉強が分からない」は、子どもが31・2％、学校は9・3％。そして、「先生との関係」に至っては、子ども26・2％に対し学校は1・6％。メチャクチャ大きな認識の差がある。これは大きな問題です。

なお、2016年に改正児童福祉法と教育機会確保法が国会を通りました。いずれに関しても、「子育ては親の第一義的責任である」と強調される傾向があり、引き続き危うさと課題がまだあることを指摘しておかなくてはなりません。

新学習指導要領は、子どもたちの時間を奪います。小学校で授業時数が大幅に増え、子どもたちはヘトヘトです。それは子ども時代が奪われていくことなので、今度の指導要領は子どもの人権侵害に当たると私は思っています。

県内のある私立高校では、朝課外に加え11時限（！）まであると出身学生から聞きました。朝6時台から夜9時過ぎまで授業を受け続けるのです。これでは頭に入りませんよね。

また、こんな話もあります（第2章3参照）。「生きる力は学力」と宣言する教師に、娘が「勉強するために生まれて来たんじゃない」と泣いていると母親が伝えた。その先生はハッとして、その後「生きる力は生活していける力」ととらえ直し、今は子ども本位で時間をやりくりしているそうです。

ところで皆さん、ご存知でしょう。東京目黒区で5歳女の子・結愛《ゆあ》ちゃんが、両親の虐待で亡くなってしまった胸痛む事件のことです。就学前なのに、ひらがなで〝反省文〟を書いていた。


「パパとママにいわれなくても　しっかりとじぶんから　もっと　きょうよりかあしたはできるようにするから　もうおねがいゆるして　ゆるしてください」

「これまでどんだけあほみたいにあそんだか　あそぶってあほみたいだからやめる」


なんなんですか！　子どもは遊ぶのが仕事じゃないですか。5歳で「遊ばないから許して」って、この社会は病んでいるとしか思えない。本当に悲し過ぎて、言葉を失います。

新しい「保育所保育指針」に「幼児期の終わりまでに育ってほしい姿」（10の子ども像）が書いてありますが、その中身は相当問題だと思います。例えば4番目の「道徳性・規範意識の芽生え」。

「友達と様々な体験を重ねる中で、してよいことや悪いことが分かり、自分の行動を振り返ったり、友達の気持ちに共感したりし、相手の立場に立って行動するようになる。また、きまりを守る必要性が分かり、自分の気持ちを調整し、友達と折り合いを付けながら、きまりをつくったり、守ったりするようになる」

理想は大事だけど、めざす「子ども像」を上から目線で押し付けるのは危険です。「子ども観」を探究的・実践的に深めることのほうがよっぽど大事だと思います。

4　子どもの声を聴くことと〈ゆとり〉が必要

権利条約が提起する「新しい子ども観」とは、どんなものでしょうか。子どもたちは保護されるだけではなく、養育されなくてはいけません。のみならず、子どもには参加の権利がある―権利の行使主体、小さな市民なんです。参加とは、まず子どもの意見を聴くことです。そうして、大人と子どものいい関係を築いていく……。

私は「語るは〝かたる〟の始めなり」とごろ合わせで言います。「かたる」は熊本弁で「参加する」「仲間になる」ですもんね。

先人たちの素敵な言葉があります（本書62頁・64頁参照）。

「子どもはだんだんと人間になるのではなく、すでに人間である」（コルチャック）

「子どもの声は聴くに値する」（大宮勇雄）

〈ゆとり〉がなければ、子どもは育ちません。スクールの語源は「ひま」です。教師は「ひま人」でなきゃいけない。今でもこの原理は大事。いじめや不登校に直面した時は、もつれた糸をきゅっと引っ張ってはダメ。子どもの声を聴きながら、ほぐして解決しなきゃ。また、勉強の分かりの遅い子は、時間をかければちゃんと分かってくれます。

自分の思うままに、何もしないで過ごすのも権利です。「ゴロゴロ、ブラブラする権利」（増山均）。「安心と自由が私の子ども時代を幸いなものにした」（リンドグレーン）。子どもたちに「存分にしたいことをしていいよ」と言える社会こそ豊かなのではないでしょうか。

不登校を経験するってことは、人生にまっすぐ向き合うこと。本当の豊かさを問い返すチャンスを与えられたと考えたい。私は「不登校は、不凍港」だと思います。じっとしていても、家にこもっていても、そのまま凍らないで世界につながっている港なんです。

子どもの未来は明るい！

5　デンマークの子育てと保育・教育

1　〈ゆとり〉ある家庭生活

充実した1週間の滞在

２０１２年の８月末から９月初めにかけて、次女がＮＧＯ派遣の保育ボランティアとして滞在中のデンマークのオーフス（首都コペンハーゲンに次ぐ第二の都市、人口わずか31万人）に行ってきました。私がデンマークを訪れるのは、12年前につづき２回目です。

正味わずか１週間という短期間ながら、ホストファミリーのクラウス（Ｃｌａｕｓ）・スティーナ（Ｓｔｉｎｅ）夫妻の行き届いた事前のコーディネートのおかげで、たいへん充実した滞在となりました。

おもな訪問・見学先は以下のとおりです。

１日目（８月31日）ガメルゴース小中学校
２日目（９月１日）オーフス街歩き
３日目（９月２日）リュ・フォルケホイスコーレ再訪
４日目（９月３日）ラウセンス小中学校、森の学校

5日目（9月4日）アイストラップ森の保育園

6日目（9月5日）ドロニング・アレクサンドリーネス保育園

どの訪問も、デンマークの保育と教育の一端にふれる貴重な体験となりました。その意味や社会的背景をつかむのはこれからの課題ですが、とりあえずその新鮮な見聞と感動を3回に分けてお伝えしたいと思います。おおまかなテーマは、第1回が家庭と学校、第2回が学童保育、第3回が保育園についてです。

4時過ぎには家族が帰宅、6時にはそろって夕食の毎日

父親クラウスは、大企業の社員です。日本・韓国・中国など海外出張は年に通算2か月にも及びますが、平日は午後4時すぎには帰宅します。

母親スティーナも教会に勤めており（週37時間労働のうち半分は職場にいなくてもよいフレックス制）、3時台には11歳の息子・ルーベン（Ｒｕｂｅｎ）4年生を学校に迎えに行きます。

話には聞いていた帰宅時間の早さに、次女は「正直、会社は大丈夫か？」と思ったそうですが、どうやら〝家庭が幸せでないと、いい仕事はできない〟という考えが会社にもあるからのようです。もっとも、それは国の伝統でもなければ企業が優しいわけでもなく、5週間の年次有給休暇（教師は7週間）の完全取得も含め、労働運動などによって獲得された結果であることを忘れてはなりません。

夏場はまだ明るい6時台に楽しい夕食のテーブルを囲んだあとは、父親が子どもの勉強を見ます。どの家庭にもある、ごく普通の光景だそうです。なお、この国に部活や学習塾はなく、週2回ルーベンが通う自転車クラブにクラウスは付き添っています。

午後8時半、ルーベンはベッドで母親に本の読み聞かせをしてもらったあと「おやすみなさい」。

健全そのものの生活です。

デンマークの学校にも、ちょっとした「いじめ」はあるでしょう。しかし、それが自殺を引き起こすような深刻な社会問題になることはありません。そりゃそうです。これだけ毎晩のように親子が（両親が）食事を共にし、おしゃべりしていれば、いじめがあったら話すでしょう。聞くでしょう。カギが〈当たり前の共同生活〉と〈信頼関係〉にあることを痛感しました。

小中学校の授業は2時半まで

到着の翌日訪れたのは、公立のガメルゴース小中学校です（児童生徒数約900名、教員66名）。出産時の母親教室以来のスティーナの〝ママ友〟だというマリーナ（Malene）先生に密着しました。同校の8年生（中学2年生）に数学と物理・生物・化学を教えています。

7時半過ぎ、最初に通されたのは教員室です。戸惑ったのは、先生たちが日本のように自分専用の机とイスをもたず、コーヒーの甘い香り漂う喫茶室のような大部屋で談笑していることでした。もちろん、授業の準備をしている人もいます。

始業の8時、先生方は自分のバックパックを肩にそれぞれの教室に〝出陣〟です。1クラスの生徒数は17、8人。日本の〝40人学級〟はよく知られているようで、同情されました。

授業風景や教師の苦労は「いずこも同じだなあ」と思いました。ただ、ざわついたときにもマリーナ先生が声を荒げることはなく、「シーッ」と口に指を当てるだけなのがほほえましかったです。授業中イヤホンを耳にしていたり、明らかに集中を欠き早々と教科書とノートをしまっている男の子がいたので、あとで先生に尋ねると「あの子はADHDなんですよ」との答え。意識的に話しかけて格別の注意をはらっているのが分かりました。

さて、この日（金曜日）は7コマもあって（1コマは通常40分）一週間で最も忙しい日だという彼女でしたが、終わったのは2時半でした。気がつけば生徒は教室から消え、教員室の人影もまばらではありませんか！　1年生から9年生（＝中3）まで2時半には授業が終わり、先生もまた帰宅するのです。

こうしたデンマークのありようは、まるで〝学校や会社は長居するところではない〟と言っているように見えます。学校中心・職場中心の日本社会の異様さを思い知らされ、カルチャーショックを受けました。

授業は終わりましたが、低学年の子どもたちが多数残って遊んでいます。ソーセージやケーキを焼くいい匂いがただよってきました。……そう、学童保育です。

2　すっかり定着している学童保育

2つの形態――「フリティズィエム」と「SFO」

デンマークの学童保育は6〜9歳の子どもを対象として、乳幼児の保育と同様、ほとんどが自治体の責任で行われています。学童保育の利用率は、少し古い2003年のデータで80・1％です（澤渡夏代ブラント『デンマークの子育て・人育ち――「人が資源」の福祉社会』大月書店、2005年）。小学校低学年の8割以上の子どもの居場所として、学童保育はすっかり定着しています。

伝統的な学童保育は、1974年、両親の働く場に〝併設〟された「フリティズィエム」（Fritidshjem＝Free time homeの意味）が発展したものです。これは今日でも学校とは独立した組織として運営されていますが、1984年に別組織として「SFO」（スコーレフリティズオードニング＝Ｓｋｏｌｅｆｒｉｔｉｄｓｏｒｄｎｉｎｇ、直訳「学校自由時間アレンジメント」）が生まれ、今日ではこちらを利用する子どものほうが3倍以上になっているとか。

「ＳＦＯ」は前者に比べ指導員の数が少なく「活動の範囲を規制され」、学校施設を共有するため「かかる経費も少なくてすむという点から、経費削減の対象となり、多くのフリティズイェムがＳＦＯへとその姿を変えてきたという経緯がある」と紹介されています（高田ケラー有子『平らな国デンマーク―「幸福度」世界一の社会から』ＮＨＫ出版、２００５年）。

気ままに過ごす――ガメルゴースＳＦＯ

滞在初日に訪れた学童保育は、先ほどご紹介したオーフス市内のガメルゴース小中学校（公立）、の中にあるＳＦＯです。新鮮だったのは、朝、マリーナ先生にいただいた学校要覧（パンフレット）の中で、ＳＦＯの指導員が顔写真入りで教師と同列に紹介されていること。0年生から4年生まで数百人を34人の指導員が面倒をみるという、〝マンモス学童〟です。

要覧は私の読めないデンマーク語で書かれていますので、これ以上のシステムや活動は分かりません。ただ、のぞいた印象としては、子どもたちはおやつづくり・輪回し・だるまさんがころんだ・ブロック遊び・ままごと、ブラブラ……と、（一斉に何かをするのでなく）何かやりたいことをやりたい同士が集まって、気ままに放課後を過ごしている感じです。宿題をしている子は見かけませんでした。

街中のプレイグラウンドで遊ぶ――ラウセンスＳＦＯ

4日目に訪ねた私立のラウセンス小中学校にも学童保育（ＳＦＯ）はありました。ここは創立１２

5年という歴史ある学校で、児童生徒数約460人は先のガメルゴースの半分の規模です。教育条件における公私の差は基本的にないと聞きますが、息子ルーベンを通わせるクラウスとスティーナにはそれなりのこだわりがあるのでしょう。

年配のキルステン（Kirsten）先生に学校内を案内していただいた翌日、同じ敷地内の別棟にあるSFOに向かいました。ちょうどお弁当の時間になり、指導員のトリーナ（Trina）先生が出題する〝穴あき言葉クイズ〟で盛り上がっていました。

中庭では大きい子たちがサッカーボールを蹴って遊んでいましたが、古いアパートを改造しただけの校舎なので、ちょっと危険。ハラハラしました。

壁に貼られていた1週間の大まかな活動プログラムを見ると、火・水・金は徒歩5分のところにある「子どもグラウンド」（Børnenes jord）で遊ぶようです。この日は火曜日。車も多い市街地の中心なので、このときばかりはみんなで並んで行かざるをえません。

到着するや、子どもたちはお目当てのコーナーにまっしぐらです。友だちと歓声をあげながら思いおもいに遊んでいました。大きい子は指導員とサッカーやバスケのコートで対戦。木登りしたりシーソーをこいだり、穴を掘ったり、動物とふれあったり、屋内でピアノを弾いたりおしゃべりしたりと、過ごし方の多彩なこと！　それぞれ没頭しているのは間違いありません。どれくらいの広さがあるでしょうか。都市のど真ん中にポッカリできた不思議空間―〝子どもの楽園〟という感じです。単なるハコモノでも空地でもありません。子どもが喜ぶ要素が自然にいっぱいあって、うらやましいと思いました。

3 〈自然〉〈遊び〉〈対話〉が保育の基本

自然の中でゆったりと――「森の学校」「森の保育園」

滞在4日目。私立ラウセンス小中学校1年生の「森の学校」に同行しました。毎週月曜日の午前中は、バスで郊外の森に出かけるのです。グループごとに、森の中で耳をすませて聞こえる音の源を絵に描いたり、オニが目隠しして缶けりならぬペットボトルけりをしたり（ネイチャー・ゲーム）、海辺のカニや貝殻を採取したり……の活動をします。

この国では、〈自然〉が保育・教育の欠かせない要素なのだと実感させられます。

好きなように徹底して遊ぶ

5日目に訪れたのは、公立のアイストラップ保育園（Børnehaven Ajstrup Gammel Skole）。「森の保育園」の1つです。日本では「森の幼稚園」と訳されて紹介されていますが、デンマークではフルタイムで働く親がほとんどですから、正確には「保育園」でしょう。

森の保育園の中には園舎をもたないところもありますが、ここはオーフス郊外17㎞のところにある旧校舎跡地を活用しています（2万㎡）。1996年創設で園児数は約120名（3歳～6歳）、職員は25名と伺いました。オーフス市街地の待ち合わせポイントからバスで通います。

保育士のニルス（Ｎｉｅｌｓ）先生が、親切に分かりやすく案内してくれました。

ここで感じた特徴の1つは、子どもたちが好きなように遊び過ごしていることでしょう。みんなが一斉に何かをするといったような「課業」は基本的になく、思いおもいに遊んでいます。この日、子どもたちが興じていた遊びは、三輪車や四輪車乗り、ハンモック揺らし、土掘り、ままごとなどですが、ただブラブラしているだけの子もいます。ギターを弾く男性保育士を取り囲んでいる子たちもいますが、これとて気ままな集まりなのです。

ニルスさんによると、ここに預けた親の中には最初「自由に遊ばせる」「保育士は見ているだけ」「どろんこになって汚れる」ことなどに抵抗を覚える人もいるが、わが子が生きいきとし始めたくましく成長する姿に接し、それらは園への信頼に変わっていくそうです。1人ひとりの子どもが自分の意志とペースで〝主体的に〟活動することを何より大切にしています。

2つ目は、〈自然でエコな生活〉がベースにあるように感じました。園内には農園やミニ博物館、素朴な木の遊具はあるものの、日本の保育園・幼稚園のようなジャングルジム・滑り台・ブランコなどは見当たりません。ニルスさんは「レゴブロックなどは避け、不要になった台所用品などを遊び道具にします」とエコロジーも大切にしていると話してくれました。音は出るけど、上で寝っ転がることもできる木琴の遊具もユニーク。園ではポニー(仔馬)とニワトリを飼っています。放し飼いでめっぽう元気なニワトリの姿が、私にはここの子どもたちとダブって見えました。

何より〈個性〉尊重

ちょうどお昼になり、子どもたちはグループごとに屋外で担任と一緒にごはんを食べ始めました。そのときのニルスさんの解説には新鮮な驚きを感じました。

「『僕、まだお腹空いてないよ』とか『私、いま、この遊びに夢中だから』という子どもがいた場合は、それを受け入れます。何がなんでもみんな一斉にということはないのです。保育士は、だれがそうなのかをチェックし、あとで食べさせます」。

これはデンマークらしさの1つです。子ども個人の意志や選択の尊重ぬきにこの国の保育・教育はありません。もちろん、それを可能にしている生活のゆとりあってのことです。「自己尊重感」をはぐくみ、「子どもを一括に扱わず」気長に見守るデンマークの「個性に合わせた保育」については、私の友人で30年以上この国の保育士をつとめた岡山県出身の大野睦子ビャーソゥーさんが具体的に書いています（青江知子・大野睦子ビャーソウー『個を大切にするデンマークの保育～パピロン総合保育園から学ぶ』山陽新聞出版センター、2010年）。

野外にはお城の舞台があり、毎週1回、子どもたちの発表会が開かれるそうです。本格的な衣装部屋もあり、これもまた子どもたちの個性発揮、表現の場なんだと納得させられました。

子ども「と」話す――〈対話〉の姿勢

デンマークの子育て・保育・教育では、子どもを怒鳴ったりすることは基本的にありません。「子どもによく話しかけますか？」と質問した日本からの訪問者に、ある保育士が答えた次の言葉は象徴的です――「子どもとよく話します」。「どんなに幼くても、……人間として平等なのだから」というわけです（前掲『デンマークの子育て・人育ち』傍点筆者）。

ニルスさんと1人の女の子が楽しそうにおしゃべりをしているのをそばで見ながら、この〈対話〉の姿勢というものがデンマークでは浸透しているなあと思いました。

今回、急ぎ足で家庭・学校・保育園・学童保育を訪れたのですが、この国にはわざわざ「子どもの権利（条約）」を持ち出さなくても、相当程度にその精神が根づいている現実がありました。学力競争と差別、貧困と格差、いじめ・体罰・虐待・不登校に苦しむ日本の子どもたちを見るにつけ、デンマークのこうした姿は「国が違うから」「税金が高いから」では済まされない大きな課題を私たちに突きつけているのではないでしょうか。個人やツアーでまた訪れ、対話と交流を重ねていきたいと思っています。

6　映画にみる子どもの権利

1　世界の果ての通学路（フランス、２０１２年）

片道15㎞・2時間（ケニアのジャクソン、11歳）。片道18㎞・1時間30分（アルゼンチンのカルロス、11歳／馬で）。片道22㎞・4時間（モロッコのザヒラ、12歳）。片道4㎞・1時間15分（インドのサミュエル／車いすで）。

いずれも、想像を絶する危険な通学路です。カメラはただひたすら、この子たちに伴走します。ハラハラしながら観終わってこみあげる感動の1つは、たくましさと無邪気さを併せもった《子ども》という存在のいとおしさです。2つ目は、子どもたちの夢をかなえる場所が《学校》なのだという再発見です。3つ目は、子どもへの親の深い愛情と信頼です。通学の安全を願う神への祈りも4つの国に共通でした。

ひるがえって、日本の子どもたちと学校の関係や通学はどうなっているでしょうか。不登校はここにきてまた増加し、通学路は危険な車や犯罪と隣り合わせ、また学校統廃合によるバス通学の地域では大事な放課後の生活が奪われています。いずれにせよ、「日本の子どもは幸せだ」という先入観を捨てて見ていただきたい珠玉の一品です。

２　みんなの学校（日本、２０１４年）

長めの作品ですが、こちらもドキドキハラハラし通し……。画面から一瞬も目が離せません。子どもの姿とその変化、教師たちの苦労と喜びを共有できる良質の記録といえます。

２００６年に大規模校から分離して生まれた大阪市立大空小学校（住吉区）が舞台です。約２２０人の子どものうち特別支援の対象となる子どもは３０人を超えますが（２０１２年度）、発達障害のある子も感情をコントロールできず暴力に走りがちな子も、同じ学級で学びます。それがどれほど大変なことかは、想像どおりです。

「不登校ゼロ」という映画のうたい文句に、いささかの疑念をもって劇場に足を運びましたが、見終わって確信しました―「すべての子どもの学習権を保障する」「どの子も安心して来られる地域の学校」「みんなでつくるみんなの学校」という理念・実践にウソはないと。「映画は、日々生まれかわるように育っていく子供たちの苦悩、戸惑い、よろこび……。そのすべてを絶妙な近さから、ありのままに映していきます」（公式サイト）。

全編、木村泰子校長の奮闘ぶりが印象的です。ひょっとしたら、「校長が出過ぎ」という批判があるかもしれませんが、それは校長室のイスに安座することなく、学校全体と一人ひとりの子どもたちに目を注ぎ行動する、本来のリーダーの姿なのだと思いました。体罰・暴力否定の姿勢もゆるぎない。道徳主義や権威主義の匂いもしません。教育実践は、子どもへの愛をベースに一瞬一瞬が勝負だと教えてくれます。それゆえ、６年生の「全国一斉学力テスト」の場面では、今日の学校の矛盾や教職員の苦悩も垣間見えました。

どの学校でも受け入れられず、最後にここにたどりついた1人の男の子のお母さんのうれしそうな顔がすべてを物語っていると思いました。（市販ＤＶＤなし）

３　ロッタちゃん　はじめてのおつかい（スウェーデン、１９９３年）

私が最近、アストリッド・リンドグレーン（１９０７～２００２）の代表作で世界中の子どもたちに愛されてきた『長くつ下のピッピ』のことを口にしたとたん、ある学童保育指導員は「チョラホップ、チョラヘイ、チョラホップサンサ～」と映画の主題歌を歌い始めました。この人は少女時代の１９７０年代に放送されたＮＨＫでの実写版を「見て育った」と言います。

『ピッピ』の原作が世に出て70年。朝日新聞の「今こそアストリッド・リンドグレーン」という評伝が目にとまりました（２０１５年11月２日）。そこには「よい文学は子どもに世界での居場所を与え、子どもの心の中に世界を創造する」という彼女の注目すべき言葉とともに「安心と自由が私の子ども時代を幸いなものにした」「遊んで遊んで〝遊び死に〟しなかったのが不思議なくらい」という自身の述懐が紹介されていました。

主人公たちの言動がどんなにハチャメチャでも「不自然さがすこしもない」（翻訳者・大塚勇三、１９６４年）のは、リンドグレーンの《豊かな子ども時代》が下地にあるからだと思います。２０１３年に出された「子どもの権利条約」第31条に関する国連ジェネラルコメント№17の「遊びが子ども時代の喜びの基本的かつ生死にかかわるほど重要な側面」だという一節は重要です。

前置きが長くなりました。私はかつて、『熊本日日新聞』紙上で連載した「子どもの権利ってな～に」

の1回分で、この映画『ロッタちゃん　はじめてのおつかい』を取り上げたことがあります。今回見直しましたが、最初のエピソードは相変わらず面白かったです。

ある日、5歳のロッタちゃんは母親が編んでくれたセーターは首がチクチクするからいやだと言い始め、ハサミで切り刻んだあと、隣家の物置の二階に「引っ越し」するのです――「一生、ここで暮らす」と。興味深いのは周りの大人たちの反応です。隣りのおばあちゃんは食事を運んで協力します。ママも「（4か月後の）クリスマスには帰ってきて」「あなたがいないと、さびしくて泣いてしまう」と言いつつ、引っ越し祝いの花を届ける……（笑）。

結果は予想通りです。強がっていたロッタちゃんですが、その日の夜には怖くなって、パパに抱かれて帰宅することに。大事なのは、子どもの言うこと・やることが時としてどんなに〝わがまま〟や〝むり〟だと見えても、頭ごなしに否定・制止せず、見守りながらその子の《思い》《意志》に付き合ってみることで育つものがあるということです。

子どもの自信や表現や権利について、楽しみながら考えさせてくれる作品です。最近出版されたリンドグレーン著『暴力は絶対だめ！』（石井登志子訳、岩波書店）も必読です。〝平和の原点は子どもをたたかないこと〟という1978年のメッセージ。

4　木と市長と文化会館（フランス、1992年）

1994年の日本公開時に見たこの作品（エリック・ロメール監督）を、ふとしたきっかけで思い出し、DVDで見直しました。子どもの出番の多いドラマというのは私の記憶違いで、大半はアドリブを交えた大人たちの対話・論争劇でした。ネット上には、かの淀川長治さんの「政治と文化教育を説きながら、ここにあるやわらかさはどうだ」「せりふの洪水だが……相手の反対を受けてもだれもが笑顔で答える」「可愛い映画」との批評が残っています。ジャンルは、風刺と機知に富んだフランス的「コメディー」です。

物語は、国の助成を得て草原に図書館・ビデオライブラリー・野外劇場・プールを備えた「総合文化センター」を建てようともくろむ社会党派市長・ジュリアンの計画をめぐって、「もし……だったら」という7つの章で進みます。

市長といっても、人口450人程度のコミューンの〝村長〟です。「左派」の彼は、領主だった先祖の広大な屋敷に住んでいます。この計画に、彼の恋人は懐疑的です。村人の賛同も得られないでいました。

第3章で、エコロジストの小学校教師マルクが「樹齢百年の柳の大木が切り倒される」と声高に計画を批判します。そばで聞いていた娘のゾエ（10歳）が耳を押さえながら、「叫ぶより、行動するのよ。パパは悲観的すぎる。〝田舎と都会の対立〟なんて古い」と諫めます。痛いところを突かれたマルク。「君は天性の政治家だ。議員に立候補すれば？」と挑発すると、ゾエは「次の次の次くらいにね。（被選挙権を得る）21歳になったら」と真顔で答えるのです。

圧巻は第6章「もし、市長の娘ヴェガが偶然、ゾエが通りかかった道にボールを転がさなかったら」です。庭のベンチでゾエは市長と渡り合います。

「あたしはパパ以上に反対なの」「文化会館は必要ない。大きすぎるし醜いわ。村の人は怖がって近づかない」「助成する文化省も間違ってる。今ある公会堂を修繕して使えばいいのよ」。

「もっと君の案を聞こう」と居住まいをただす市長に、ゾエは「理解できるかしら？」と応じ、こう続けるのです。「村には、花やテントウ虫とふれあえる緑が必要」と。

「緑ならいっぱいあるじゃないか」という市長に「今は、そんな場所は鉄条網で囲まれ、入ろうとすると犬が追いかけてくる」「草原や原っぱや森があるのが田舎なの。田舎ほど緑が大事にされていない」「みんなが集える公園こそ必要」だと訴えます。

最終章は、市長の邸宅の広い庭で村人と市長が野外パーティーを開き、楽しく語らう姿を映し出します。「やっと見つかった。最良の解決策、次世代への答えが」と歌いながら……。脆弱な地盤問題が明らかとなり文化会館の建設は中止となったのですが、きっかけはゾエの意見表明にありました。「あたしが話したからよ」と彼女はつぶやきます。

私の記憶の中で子どもが主役の映画だと錯覚したのは、わけがあったようです。「子どもの声は聴くに値する」（大宮勇雄）。それはときに、大人にない《本質を見抜く力》をもっています。政治参加も、18歳投票権に限定されてはならないでしょう。

5　二十四の瞳（日本、1959年）

筆者は小学生のとき（1960年代初頭）、学校行事として町の映画館で鑑賞しました。そして、この30年は教職課程の学生たちと見続け、そのたびに発見があります。

壺井栄の小説を木下恵介監督が映像化したこの作品は、日本映画史に輝く名作です。昔のモノクロで画質・音質ともによいとはいえませんが、内容はその後のどのリメイク版にも負けていないと思います。

香川県小豆島を舞台に、昭和の初めから敗戦後まで、新任の「大石先生」（高峰秀子）と12人の教え子たちの出会いと交わり、別れとその後が丁寧に描かれます。経済恐慌と軍国主義の波に子どもたちが次々と飲み込まれていくのを目にしながら、大石先生は無力感をつのらせ、けっきょく教師を辞めるのです。授業で生活綴方を取り上げたことや、軍人志望の男の子たちに「米屋のほうが好き」ともらしたことを校長にとがめられ、「明けても暮れても忠君愛国」「国定教科書を通してしか子どもとかかわれない教師の仕事」に嫌気がさして—。

何回見ても泣ける場面やセリフがいくつかあります。小学校を中退して高松の食堂で働いていたマツエが、修学旅行で楽しそうに先生を囲んでいるかつての級友たちから隠れ、島に帰る船を嗚咽しながら見送る……。「とにかく戦争がすんでよかったじゃないの」「負けても?」「うん、負けても。もうこれからは戦死する人はないもの」(軍国少年の呪縛が解けない息子・大吉との会話)、「お母さんは、大吉に命を大事にする〝普通の人間〟になってほしいな」……。

キラキラ輝いていた高峰が、教え子を病気や戦争で失い老け込む戦後の演じ方の変化も秀逸です。女性や障害者、学歴への差別をあからさまに口にする戦前の庶民の日常にも驚きます。逆に、出会った初日に先生を「大石、小石~」、戦後は「泣きみそ先生~」と子どもたちがはやし立てたり、「先生、おはよう!」と〝タメ口〟で挨拶するのは新鮮です。他方、テーマソングのように歌われる「仰げば尊し」を、子どもの権利の立場から今日的・批判的に問い直すことも欠かせません。

日本国憲法施行から70年たって、再び子どもの貧困がひろがり軍靴の足音が聞こえてきます。今こそ、この映画を見直すときではないでしょうか。口コミで大ヒットとなっている上映中の『この世界の片隅で』もあわせてお奨めです。

6　マイケル・ムーアの世界侵略のススメ（2016年、アメリカ）

すでにご覧になった方も多いと思いますが、〈子どもの権利〉にかかわる内容に焦点を当ててご紹介したいと思います。全体は、〝国防総省に代わって〟マイケル・ムーア監督がヨーロッパを中心とする各国を「侵略」し、自国にない〈幸せのアイデア〉を「略奪」するというパロディー仕立て。笑いながら考え込ませる出色のドキュメンタリーです。

労働者のバカンス（有給休暇）が充実しているイタリアから話が始まります（アメリカの年休はゼロ！）。かつて熊本在住のフランス人看護師が「バカンスは私たちの国の伝統だと思っていませんか？そうじゃないんですよ。労働組合が権利として勝ち取ったものだということをお忘れなく」と講演でおっしゃっていたのを思い出しました。この作品では、各国の労働者・女性・子ども、一般市民や受刑者の権利保障の到達点が次々と明かされます。

フランスの小学校のフルコース並みの給食や、「強制収容所に持っていけるカバン1つに、あなたなら何を詰めますか？」と問いかけるドイツの歴史教育、教育が個人の権利であると同時に公共の利益だと考えるスロベニアの学費無料の制度など、どれも〝論より証拠〟です。

しかし、なんといっても圧巻はフィンランドでのひとこまでしょう。「学力」の高さの秘密は何かと質問するムーア監督に、文部大臣・校長・教師が口をそろえて「テストで点をとる訓練は教育ではない」「全校統一テストも廃止した」「子ども時代は短い。楽しむこと、遊びや友だちとの交流が大事だ」と答えます。授業数が少なく宿題もないことに驚く監督に「脳は休ませないと。酷使すると学べなくなる」と言い切るのです。そればかりか、「学校以外の場所にも人生は山ほどある」と……。

学校の役割と限界に対して、冷静で自覚的だと感じました。わざわざそう言わなくても、「子どもの権利条約」第31条（休息と気晴らし、遊びと文化の権利）と第28条（教育への権利）・第29条（教育の目的）がバランスよく実現しています。そのことは教師らの次のひとことに凝縮しています――「学校は子どもが幸せに生きる方法を見つける場所です」。また、「（校庭に）遊具を設置するときは、子どもと建築家が対話し、子どもの意見が反映されます」というのは、第12条（子どもの意見表明権）の保障にほかなりません。

２０２０年度からの日本の次期指導要領が学力中心主義を徹底させ、〝限界越え〟を承知の上で授業時数をさらにふやし、子どもたちから休息や遊びを根こそぎ奪おうとしている今こそ、必見の映画です。過労死が問題とされてもなお「月１００時間」までの残業労働が許される「規制」を生み出す〝不思議の国ニッポン〟を根本から変えるためにも……。

7　夜間もやってる保育園（２０１７年、日本）

見終わって、子どもはもちろん、父母や保育士さえも愛おしく思え、胸がいっぱいになりました。保育という仕事の尊さと人間くささが全編にあふれたドキュメンタリーです。タイトルにあるように、夜間保育園というのは夜だけ預かるのではなく、夜間〝も〟やっている園のことですが、それだけではありません。子どもたちに必要とあらば、有機栽培の農園と連携した「食育」にも、「学童保育」にも、さらに発達障害の子どものための「療育」にも取り組んでいます。

映画では、「エイビイシイ保育園」（東京都新宿区）はじめ那覇市・帯広市・新潟市などの5園の子どもと共働き・シングルマザー・外国人労働の親たち、保育士・園長たちの姿が丁寧に取り上げられています。「エイビイシイ保育園」と片野清美園長のことは、これまでTVや本である程度紹介されていますが、彼女が企画し大宮浩一監督の手によって映画化されたのは画期的なことです。

劣悪な環境の「ベビーホテル」が社会問題化した1981年以降、国は夜間保育園の認可を進めてきましたが、現在でもわずか80数園（0・3％）にとどまっています。天久薫《あまひさ》さん（全国夜間保育園連盟会長）は、一般の待機児童問題への関心にくらべ夜間保育を必要とする子どもの問題への「無反応さ」はなぜかと問いかけ、その背景に夜間保育は、①「子どもの心身の発達に悪影響を及ぼす」、②「児童福祉の観点から、子どもにとって望ましくない」という誤解があることを指摘しています。詳しくは、この解説や、「当初はちょっと偏見があった」という大宮監督と、「子どもが1人でも必要とするならやるべき」という片野園長の緊張感ある「対談」の載った同作品パンフレットも、ぜひお読みください。

厚労省の保育課長（当時）や、夜間保育園に預けた経験のある同省職員のインタビューも説得力があります。「頑張っている個人と行政との闘い」という「対立」の構図でなく、「足元を見つめたほうが、いろいろなことが見える」という監督の思いは成功していると思いました。

劇中で歌われる「見上げてごらん夜の星を」がぴったりです。歌詞にある「ささやかな幸せ」が「息づいている」のが夜間保育園です。必要とするすべての子どもに権利としての保育を、待機児童の解消を―が国民の声となっている今、この映画は見逃せません。

8　万引き家族（2018年、日本）

カンヌ国際映画祭で最高賞を獲得したこともあり、6月8日の封切り後、10代から80代まで幅広い年齢層の観客が連日押しかけているようです。奇異なタイトルは、万引き・年金不正受給・児童虐待など「犯罪でしかつながれなかった」家族の物語を象徴しています。しかも、その家族6人は血のつながらない「寄せ集め」の「ニセモノ家族」なのです。

6人それぞれがホンモノの家族から捨てられた過去と傷を抱えて生きています。是枝裕和監督は、その背景にある日本社会の「貧困」も見据えて描きました。作品全体をつらぬくのは「家族とは何か」という問いです。それは、ニセモノ家族に居心地のよさを感じている「母」信代と「祖母」初枝の会話にもあらわれています—「選ばれたのかな、私たち……」「親は選べないからね」「自分で選んだほうが強いんじゃない？」「血は、やっかいだ」。20年前に読んだ『「家族」はこわい』（斎藤学《さとる》著、日本経済新聞社、1997年）という本を思い出しました。

物語は虐待を受けていた5歳の少女ゆりを連れ帰るところから始まり、突然亡くなった初枝の死で終わりを迎えます。警察で死体遺棄を追及される信代は「捨てたんじゃない」「拾ったんです」「捨てた人は、他にいるんじゃないんですか」と本心から答えるのです。

子ども2人（祥太・ゆり）に目を向けると、『誰も知らない』（2004年）のネグレクトされた子どもたちと同様、大人に依存しつつも人間として生きる彼らの一瞬一瞬の息づかいが伝わってきます。成長とともに罪の意識が芽生え万引きを〝卒業〟する祥太や、実母の虐待に怯えつつそれを愛情と思い続けたゆりの姿を通して—。

朝日新聞のインタビュー（6月25日付）は、目黒の虐待死事件にもふれながら、この作品に込めた監督の思いをよく伝えています。「犯罪者と自分は全然違うという感覚が広がっている現代社会は、とても危険だと思います」「人々を極限まで追い込まないためのセーフティーネットを充実させることでしか、こうした犯罪は軽減できません」。芸術への国の助成は「国民の権利」であり「公権力とは距離を保つ」として、政府の「祝意」を受けることを断ったのも、あっぱれでした。

ネット上でのある人の辛口の批評が目に止まりました。それはこう結ばれていました――「（目黒の事件もそうだが）虐待された幼い子どもに逃げ出す選択肢はほとんどない。『誰も知らない』から14年たっても、何も変わっていない。子ども食堂とかできて、救いの場が広がりつつはあるけど、外に出られる子ばかりではない」「虐待している人が、何かのきっかけで考え直すような、そんな映画はできないものか。まじめな映画でなくてもいい。何かそういう人の心をとろかすようなことができれば……と、また是枝監督に期待している」。

さて、自然な演出のこの作品はどこかドキュメンタリータッチで、台詞もよく聴き取れず、劇場に2回足を運びました。より確かに理解できたのは、封切り後に出版された同名の監督書き下ろし本（宝島社）のおかげです。子どもの権利という視点からは、『そして父になる』（2013年）のほうが分かりやすいと思います。余計なことですが、もし私が監督だったら、「保育園落ちた、日本死ね！」をテーマに「保活」の悲喜こもごもを描くドラマかドキュメンタリーを作りたいですね。

9　スタンド・バイ・ミー（1986年、アメリカ）

30年前、新宿の映画館で見終わった私は、感動でしばらく立ち上がれないほどでした。同名の主題歌を知らない人はいないでしょう。多少ためらいましたが、この旧作が描いた少年時代は色あせないどころか、今日ますます輝きを放っているのではないかと思い直し、取り上げることにしました。文字通り、不朽の名作です（原作はS・キング）。

1959年の夏、オレゴン州の小さな町に住む12歳の少年4人が、列車事故で死んで行方不明の子どもの死体探しに出かける2日間の冒険物語ですが、それだけではありません。内気で両親に愛されず、亡き兄と比較されるコンプレックスに怯えるゴーディー。聡明だが家庭に恵まれず、不良のレッテルを貼られたクリス。精神を病んだ退役軍人を父にもち激しやすいテディー。そして、幼く臆病なバーン。

彼らの個性だけでなく、「ギャング・エイジ」特有の気性・遊び文化・関係がきわめてリアルです。誇り高く英雄主義が身上だけれど、母親をからかわれると弱い……。悪態をつき合いケンカと仲直りを繰り返す……。無茶で自己中心の一方、傷つきやすく仲間にやさしい……。彼らを押さえつけ、死体発見の手柄を横取りしようとする筋金入りのワル＝若者グループとの違いや、勇気（拳銃）をもって彼らに対峙するシーンは印象的です。

味わい深いセリフをピックアップしてみます。「子どもっぽいぞ」とからかわれ、「子ども時代は二度とこない」という〝反論〟。1泊2日の旅を終え、中学進学の不安を抱えながら町に戻る4人ですが、その目に「町が小さく見えた」。「友だちはでき、また離れていく」。

大人になったゴーディーが映画の最後につぶやく「あの12歳のときのような友だちは二度とできない。だれだって……」という言葉について、ある批評家はネット上で最近、「小石をガラクタに向かって投げたり、仲間とじっくりものを考えたりした子ども時代と比較できるものなどない」と付け加えています。同感です。

子どもの権利条約に即せば第15条の「集いグループをつくる（たむろし、つるむ）権利」がテーマの映画ですが、この条文におさまらない〈子ども時代をもつ権利〉を、時と国を超え豊かに提起していると思います。なお、2018年の日本学童保育学会で再上映された映画『遊び場のない子どもたち』（1964年）や、かけがえのない青年期を「ゴールド」に例えたフランシス・コッポラの『アウトサイダー』（1983年）も参考までに挙げておきましょう。

第4章

熊本震災は
子ども・若者のからだと心に
何をもたらしたか

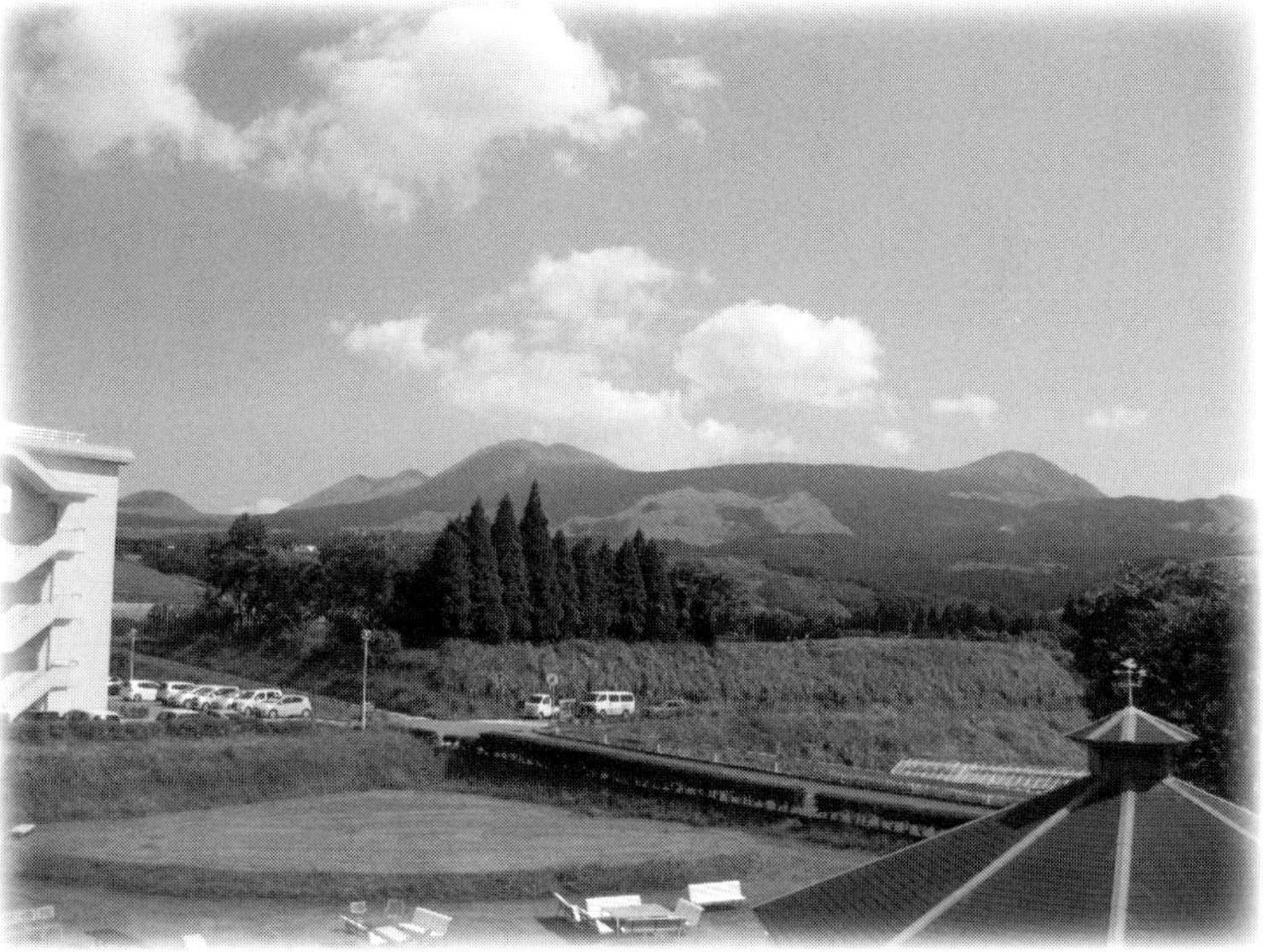

1　地震発生とその被害

２０１６年４月14日の午後９時26分、益城町を震源とする大きな揺れが熊本を襲いました（前震。震度７、Ｍ６・５）。翌日、多くの人が片づけを終え眠りについていた４月16日の午前１時25分、再び益城町が震源の極めて激しい地震が発生し、避難する人が続出しました（本震。震度７、Ｍ７・３）。

熊本地震の特徴は、震度７レベルが連続して起きたことと余震の多さです。余震はわずか２週間で千回、４か月過ぎて２千回に達しました。専門家は熊本で〝Ｍ７程度の地震が30年以内に起こる確率〟は０・９％だったとし、それでも「かなり危険度が高い」と指摘していました（古村孝志・東京大地震研究所教授、『熊本日日新聞』＝以下『熊日』２０１６年５月17日）。予測不能な地震という天災は、千年に１度でも〝起きるときには起きる〟ということです。百年単位でみるとＭ７以上の地震は日本のどこかで発生しています。

鎌倉時代に書かれた鴨長明の『方丈記』には、１１８５年に京都を襲った「元暦の大地震」に関する次のような記述があり、今回の熊本地震との類似性に驚かされます（武田友宏編『方丈記（全）』角川ソフィア文庫）。

「そのさま、世の常ならず。山はくづれて河を埋《うづ》み……土裂けて水涌き出で、巌《いはほ》割れて谷にまろび入る」「家《や》の内に居《を》れば、たちまちにひしげなんとす。走り出づれば、地割れ裂く」「恐れの中に恐るべかりけるは、ただ地震（なゐ）なりけりとこそおぼえ侍《はべ》りしか」（80頁）

「そのなごり（＝余震）、しばしは絶えず。……おほかたそのなごり、三月《みつき》ばかりや侍りけん」

（85〜86頁）

熊本地震による死者は50人、関連死25人、大雨による二次災害死５人、負傷者２３１６人、住宅被害16万５千超、避難者は９７２人です（８月24日、熊本県集約）。避難者は最大時18万３千人（本震の翌日）。

益城町・西原村・南阿蘇村、そして熊本市などに甚大な被害がありました。全壊・半壊の家屋は広範囲に及びました。本震で熊本市民病院がいち早く被災し、新生児集中治療室（ＮＩＣＵ）の赤ちゃん38人が県内外の他病院に搬送される事態となったのは衝撃でした。この基幹病院をめぐっては、耐震性の問題から２０１２年12月に市が現在地建て替えを決めていたにもかかわらず、事業費高騰を理由にその後計画を凍結していたのです。

また、同じく本震によって阿蘇大橋が崩落したのも信じられないことでした。この橋のそばに立地する東海大学農学部と「学生村」は大きな被害を受け、アパートの倒壊で３人の学生が尊い命を落としたことは、断腸の思いです。

２　子どもたちの心身への影響と支援活動

今回の一連の地震は、大人・子どもの別なく大きな恐怖と不安を与えました。学校が再開した５月の連休明け、熊本市教委と熊本県教委は小中学生にアンケート調査を行いましたが、その結果、「心のケア」が必要とされた子どもは３６００人に上ります。益城町（22・１％）が最も多く、南阿蘇村（13・２％）、熊本市（３・５％）でも顕著でした（『熊日』５月31日）。

影響のあらわれ方は、個人差もあれば変動もします。例えば、熊本市教委の調査で当初〝カウンセリングが必要〟とされた２１４３人の子どもが、２〜３週間後の再調査では３０９人減ったものの、新たに１２１５人がカウントされました。市教委は「被災から学校再開、運動会と続いて気持ちが高揚していた子どもが、自分の異変に気づき始めたのかも知れない」と分析しています。県内外からカウンセラーが派遣されましたが、間に合っていません。「１対１のケアだけでは対応できない。芸術活動や遊びなど、大人も交じった活動を通じて、ストレスを発散させることも必要だ」と、阪神・東日本の両大地震後に取り組んだ経験をもつ中谷恭子・兵庫県臨床心理士会理事は指摘しています（『熊日』６月10日）。

では、実際に子どもたちにあらわれた変調や症状はどのようなものだったのでしょうか。県内３か所の児童相談所には「甘えや夜泣きがひどくなった」「１人になるのを怖がる」「夜眠れない」「食欲がない」などの相談あったそうです（『熊日』６月２日）。

私が５月22日に参加した教職員向けの「メンタルヘルス研修会」で、仁木啓介医師（熊本市）は、災害体験による「心的外傷後ストレス障害（ＰＴＳＤ）」の諸症状に関し、①眠れずイライラする「過覚醒」、②「嫌な場面を思い出す「再体験」、③感情や感覚がまひする「回避・まひ」、④感覚や記憶を切り離し〝凍りつく〟「解離」の４点をあげ、これらを「だれにでも起こる、生命を守るための反応だと解説しました。

この研修会に先立つ５月７日に熊本大学病院で開かれた同様の「災害後の子どもの心理援助」をテーマとする講演会では、子どもとの向き合い方のポイントとして、「安心感」と「自己肯定感」の取り戻しが強調されたようです（菊地祐子・東京都立小児総合医療センター医師、『熊日』５月12日）。具体的な方法として、「①日常生活を規則正しく繰り返す、②いつも通りの声掛けをする、③友達と体を動かして遊ぶ、④楽しいことをする時間を持つ、⑤背中や肩をさするなどのスキンシップをする」の5点があげられています。

菊地医師の話では、「表現を促してはいけない。子どもは話すべき時に自然と話す。その時は十分に聴くよ、という姿勢が大切」「つらいことを乗り越えた経験は強さになる。どんな乗り越え方もある」という助言とともに、教師など支援側への次の指摘が重要です――「自分の感情を大切に扱ってほしい。人と比べず、楽しい、うれしいといった感情にふたをしない」（『熊日』5月12日）。

大地震から2年がたとうとしていますが（2018年4月現在）、復興は道半ばです。直接死50人に加え、関連死は増えつづけ201人となりました。仮設住宅には、減ったとはいえ今も4万人近くの人々が住んでいます（いずれも2018年2月末、県の発表。『熊日』2018年3月14日）。

一方、心のケアの必要な子どもは地震から1か月半後に3600人（小中学生。県教委調べ）でしたが、約1年半後の調査でも2086人に上り、前回より333人も増えていたのです（小中高と特別支援学校。2017年9～11月、前回は同年5～6月。県教委・熊本市教委）。専門家は「時間がたち、苦しい思いを表せるようになったのではないか」「深刻に捉える必要がない場合も考えられる」と見ています（『熊日』2018年1月18日）。

3　学生たちの証言

私が勤める東海大学九州キャンパスは、阿蘇校舎（農学部）とそこに学ぶ学生の居住地域を中心に壊滅的な被害に遇い、アパートの倒壊で3人の尊い命が奪われました。その中で4年生の脇朋弥《わきしほみ》さんは、1か月後に鹿児島県の母校で教育実習を控えていたのです。

地震から2か月半後の2016年7月、農学部の学生たちも熊本校舎に下りて授業が再開されました。大学での事前指導もないまま教育実習に取り組まなければならなかった教職課程4年生の口から「熊本に戻りたくなかった」「毎日、吐き気とのたたかいでした」「実習校で『地震の体験を語ってほしい』と言われ、きつかったです」「全校避難訓練で生徒たちがダラダラやっているのを見ると、腹が立ちました」などの声を聞き、胸が痛みました。

一方、私が担当する文理融合科目の授業「アイデンティティーと共生」では、私自身の被災体験をはさみながら「自然との共生」の〝きびしさ〟をサラっと語りました—傷ついた彼らを刺激してはいけないと用心して。ところが、その日の彼らの感想カードには各自の過酷な体験と思いがびっしり綴られていたのです。それは震災という非日常の「生活」から生まれたある種の「綴方」といえるかも知れません。予想しないことでした。2クラス、65人の〝証言〟の中からいくつかご紹介しましょう。

私は地震のとき、お風呂でシャワーを浴びながら「You raise me up」を歌っていました。それ以来、シャワーを浴びるのが怖くなって、この歌も歌えなくなりました。書きたいことはいろいろあるけど、考え過ぎて頭が爆発しそうなので、今度、先生の研究室をお邪魔します。講義、とても興味深かったです。（NW・1年）

私は、熊本地震で3時間半下敷きになっていました。アパートの1階に住んでいて、ほんとうに何が起きたか分かりませんでした。友だちに助けられました。その3時間半は、ほんとうに頭の中が真っ白で「助けて！」とひたすら叫んでいました。学校が始まって、安心しています。（KK・3年）

5人で泊まりをしているときに地震が起きた。激しくタテに揺れた。そして、電気が消え、部屋の家具が踊るように倒れた。自分たちは2階にいたが、そこのアパートは1階がつぶれてしまった。

しかし、地震を経験して、5人のきずなは今まで以上に深まった。今でも、よく5人で遊んでいる。（YK・1年）

私の住んでいたアパートも1階部分がつぶされてしまいました。私はベッドにはさまれたまま、朝を迎えました。友だちが一緒にいたおかげで、救助を呼んでもらうことができ、3週間の入院はあったけれど、助かることができました。

しかし、隣りに住んでいた方は亡くなったと聞き、とても悲しく、怖く感じました。今後は、この経験を乗り越えて強く生きていきたいです。（MM・1年）

突然の、そしていつ終わるともなく続いた揺れと家具の下敷きになった恐怖がリアルに伝わってきます。安心を求める気持ちとともに……。私が休校中に精神科医らから学んだ「心的外傷後ストレス障害（PTSD）」や「サバイバーズ・ギルト」（生存者が抱く自責の念や罪悪感）などの知見も役にたったようです。「サバイバーズ・ギルト」については、閉じ込められた部屋の中で死を覚悟し、スマホに遺書を残したW君の経験が壮絶です。幸い救出されたものの、親友R君の死を知って愕然とし、「なんで僕が生き残ったのか」と葛藤し続けます。その思いを先輩に受け止めてもらい、涙があふれました—「あいつの分まで生きたいです」（『朝日新聞』4月24日）。

今日の授業で私は「サバイバーズ・ギルト」ということを知り、少し気持ちが楽になりました。それと同時に話を聞いて、泣きそうになりました。自分は被害も少なかったほうなのですが、先に帰省してしまったことへの罪悪感、何も手伝うことができなかった自分に対する怒りと後悔がありました。

でも、講義の中で多くの人が前向きにがんばろうとしていることが分かったので、自分もがんばりたいと思いました。そして、いろいろなストレス障害について調べてみたいと思いました。（ＯＨ・1年）

とはいえ、惨事から日が浅いため、次の最初の学生のように、思い出させるどんなアドバイスも受け付けたくないという人がいてもおかしくありません。

先生の話を聞きたくなかった。私は地震の日、友だちの家でパーティーをしてたんです。前震が怖くて連続2日寝てません。本震がくる10分前は、ちょうど夜食をみんなで食べていました。お腹いっぱいで、眠くてどうしようもなかったときに地震に襲われました。1人の友だちは頭をはさまれ、みんなが絶望するところ、私がいっぱい話しかけました。

その後、朝6時くらいに救出して、すぐに実家に帰れました。阿蘇に残った仲間が心配で、じっとできなかったです。だから、今そういう話を聞くと、泣きそうです。（ＲＫ・1年）

今回の大地震が起こったとき、私が心身ともに大きな傷が残らなかったのは、偶然が重なったことと、入学後に仲よくなった友だちと出会い、一緒に行動できたからだと考える。親元を離れ、まだ一人暮らしを始めたばかりだったので、地震後はとても心細く不安でした。

しかし、友だちと出会えたことで、自分と同じ境遇なんだと安心できました。1人では何もできなかっただろうけど、知り合いが1人でもいるだけでこんなにも心強いのだと実感しました。

実家に帰ったあと、何人かの人から「めったにできないよい経験をしたね」と言われ、とても腹がたったけれど、日がたつにつれ、その経験を生かしていこうと思うようになりました。（YA・1年）

地震のとき、私はコンビニでバイトしていて、建物がいつ壊れるか分からず、とても怖かった。そして、家族が無事か心配で帰りたかったが、食料を求めてお客が次から次へとやってきて、みんな大量に買っていくので、帰ることができなかった。

「こんなことしてる場合じゃないよ。早く帰らないと！」と言ってくれるお客さんがたくさんいて、なんか矛盾している気もしたが、心の支えにはなりました。

今回の地震でいろんな被害にあいましたが、これから熊本がまた元気になっていければいいと思います。（HS・2年）

ここには、恐怖心をやわらげ落ち着かせる上で、出会いからたった1週間の仲間であれ、バイト先のお客さんであれ、授業で聞いた人たちの話であれ、体験を共有した他者の存在が大きいことが分かります。

4 震災で湧出した〈遊び〉と〈野性〉

本震の2、3日後、車の人たちが殺到した避難所では元気に遊び回る子どもたちの姿がありました。地域の子どものために「ボール投げ遊び大会」を企画した老人会のニュースも報じられました。こうした動きに注目し、「被災した子どもたちは……走り回って〔ストレスを〕発散する。遊びを通して自分の世界を築き、自分を表現し、自分を癒す。そんな習性を理解しておきたい」と、早い段階で大人たちに呼びかけた地元紙のコラムは特筆に値します（梅ケ谷昭人「子どもたちも被災者」『熊日』4月20日）。

ところで、私が10日間「車中泊」した下江津湖公園（熊本市東区）では、地震直後に突如水が湧き出したのですが、5月の連休明けに目撃した光景が忘れられません。湧水の〝水路づくり〟に熱中する6人の男の子たちや、目の前を全速力で駆け抜け、そのまま野猿のように木登りした子どもの群れがいたのです。日常では隠れていた〈子どもの野性〉をそこに見ました。湧出した泉と子どもの遊びの組み合わせは、なんと象徴的なことでしょう。学校が再開すると、そうした姿は消えましたが……。

長時間の学校生活、おけいことごとや塾通い、部活動が日本の子どもたちの日常をおおっています。地震後の非日常における大きな恐怖とストレス、不安と不自由を乗り越える力として《遊び》の決定的な大事さを再確認させられました。その遊びは、コンピューターゲームではありませんでした。からだをいっぱい使う、避難所では初対面の子ども同士でも生まれた集団での遊びだったのです。

それは、子どもの権利条約がうたう「休息と遊びの権利」（第31条）や「集い仲間をもつ権利」（第15条）の再発見に他なりません。言葉による思いの表出は「意見表明権」（第12条）に当たります。

地震直後、子どもたちの自宅や避難所を訪ね、声をかけていった阿蘇の小学校教師・藤原朱美さんの行動も貴重です。幼い子どもがずっと泣いて不安そうだった母親には「お母さんが泣きたい気持ちを、代わりに泣いてくれているのかもね」と励まし、「眠れない」と訴える中学女子生徒を「たわいのない話」で支えます（藤原朱美『わたしの愛しい子どもたち―朱美先生の子どもエッセイ』本の泉社）。

２０１８年3月11日、子どもたちの心のケアをめざす益城町の子ども劇団「ましきっずプレイヤーず」の旗揚げ公演のニュースを見ました。県内在住のプロの俳優や演出家が支援する癒しと再生の取り組みが、1年前から続けられていたのです。地震後しばらくは1人でトイレにも行けなかった橋本優作君という少年（広安西小6年）が、一歩一歩前に踏み出し、堂々と「豪華客船ドリーム号」の船長を演じ切る姿が印象的でした。

5　仮設住宅に遊び場がない！

震災後建設された仮設住宅に子どもの遊び場（公園や広場）がないという重大な問題もありました。熊本県内には110の仮設団地（4303戸）がありますが、そのいずれにも子ども向けの遊び場が設置されていませんでした。私はその事実を、地震後半年もたって知り、たいへん驚きました。被災者支援について書かれた「災害救助法」は包括的な内容で、仮設団地の具体的な整備は県や市町村に任されています。しかし、それら自治体では計画段階から子どもの遊び場がすっぽり抜けていたのです。仮設はあくまでも緊急対策だからとか、課題はほかにもいっぱいあるとかの理由で—。

私は、県内最大、工業団地内の「テクノ仮設団地」（516戸、約1万3千人、益城町）のことを、テレビのローカルニュースで知りました。そこでは、天気がよいのに「みんなの家」（集会室）の中で「かくれんぼ」をしている男の子たちがいて、胸が痛みました。「なぜ、ここで?」「外は、遊ぶところがないから」。「外で遊べたら、何したい?」「サッカー」。

その後、知り合いの県議2人や益城町の市民活動メンバーに相談し、改善を訴えました。また、私は地元紙に以下のような投書をし、自治体当局や県民に事態を知ってもらおうとしました。抑えた表現ながらコンパクトにまとめたその投書（2016年12月4日）を、そのままご紹介します。

仮設団地にも子の遊び場を

山下　雅彦（63歳・大学教員、熊本市）

10月中旬、たまたま見たNHKのローカルニュースで、仮設団地に子どもの遊べる公園がないと知って驚いた。屋外に敷かれた砕石にはガラス片やクギも混じり、車の往来もある。テクノ仮設団地（空港そば、益城町）でわが子らのケガや事故を心配する母親たちが「何かあってからでは遅いですから」と手書きの署名用紙を作って改善をはたらきかけようとしているのを見て、胸が痛んだ。後日私も現場に行き、その状況を確認した。

番組で県の担当者は、整備に精一杯で通常の団地のように子どもの公園までは手が回らなかったと釈明していた。しかし、子どもたちも大人と同様、不安と不自由のなか、〝ここ〟で毎日暮らす住民である。期限の2年間は子どもの成長にとって無視できない長さだ。ささやかでも遊び場がないのは、子どもの権利にかかわる設計ミスではないのか。

幼児には親の目の届く近場に、それ以上の子どもたちには走り回れる広場が必要である。子どもたちに寄り添うボランティアの活動も貴重だが、こうした足元の環境にもっと目を向けたい。当事者と仮設団地自治会、町・県・国が話し合い、1日も早くこの問題を解決すべきだ。他にも課題山積なのは承知している。県民の1人として自分に何ができるのか、私も考え続けている。

残念ながら、その後、こうしたアクションに反響はありませんでした。ある若い音楽アーティストによるポケットマネー（寄付）で、1か所の集会室前が遊び場として整地されたとは聞きましたが……。

年が明け、福岡県古賀市であった私の子育て講演会（2017年3月）の聴衆の中に〝ママさん記者〟がいて、この仮設住宅の公園問題を心にとどめ、後日、現地を取材し「こどもの日」特集の記事としてまとめてくれました（「仮設でも遊びたい～住民、自前で野外広場～」『毎日新聞』西部版、青木絵美、5月5日）。それによると、この4月、敷地内に約3千㎡の野外広場が完成し、この仮設団地に限っては大きな進展があったようです。同団地自治会長らの申し入れに対し、団地内の雑草地の利用が、所有する熊本県から許可されました。しかし、災害救助法では野外広場の整備は国庫補助の対象にはならないのです。そのため、「整地用の山砂約300トンの費用や工事費は、県内の仮設団地の住環境改善に取り組む大学生グループが民間団体から受ける助成金約130万円を活用するなどして賄」うことになりました。除草作業は住民の手によるものです。

東日本大震災（2011年3月11日）で被災した岩手県では、「一部の仮設団地に独自の予算でブランコなどの遊具を設置した」そうです。同県大槌町は「地域整備課」が中心となって子どもの声を反映した公園をつくり、日本ユニセフ協会がすべり台などの複合遊具を提供したことを後で知りました（同協会のサイト）。

ところが、今回の熊本地震では、仮設団地内に「公費で遊具や広場整備をしたケースはない」というのです。益城町の説明は「野外の遊び場がほしいという意見はあるが、仮設は応急なので整備する用意はない」というものでした。こうした冷たい態度に対し、自治会長は「子どもたちは思い切り遊べなければストレスも抱える。住まいと共に野外空間も生活にはセット。行政にはその発想を持ってほしい」と当然な注文をしています。

「毎日」紙は、記事の最後を私の次のようなコメントでしめくくりました。

「仮設住宅といっても暮らしは仮ではなく、子どもたちにとっては外で体を動かすことが成長に欠かせない」「本来なら仮設住宅の設置時から野外で遊べる場を整備する必要がある。子どもの権利をもっと意識すべきだ」。

民間団体・個人による寄付や遊びの活動支援は貴重です。しかし、子どもの最善の利益を考えるなら、国・自治体による公費による対応（条件整備）が基本にならなければならないと思います。このたびの熊本地震が残した大きな教訓・課題の1つです。

6 〈日常〉のあり方が問われる――失いつつ得たもの

この震災をどうとらえればいいのか。名著『逝きし世の面影』の著者で熊本市在住の渡辺京二氏（評論家・日本近代史家）の「荒野に泉湧く」と題する寄稿（『熊日』4月28日）が大きな示唆を与えてくれました。少し長くなりますが、2か所引用してみましょう（傍点は山下）。

熊大近くに住む友人の話では、学生たちはこの地震でかえって活気づいて、笑い声をあげながら彼の家の前を往《い》き来するそうだ。こういう若い人たちが、自分たちの文明がいかにもろい基盤の上に建っているか自覚し、今日の複雑化し重量化した文明を、どうやってもっと災害に強いばかりでなく、人間に親和的な文明に転換するか、考えてみる機会を与えられたのは、ほんとうによいことだ。禍を福に転じるとは、このことをいうのだ。

（人々が列車の席を譲り合ったり、ねぎらいの声を自然にかけあう姿にふれて）私が『逝きし世の面影』で描いたあのひとなつこい日本人、人情あふれる日本人が帰ってきたのだ。自閉していた心が開かれたのではなかろうか。瓦礫《がれき》の中から、かくありたい未来の人間像が、むっくり立ち上がったようにさえ見える。個として自立していながら、いつでも他者に心が開ける人間。束の間の幻影かも知れない。復興の過程ではかなく消えていく、いっときの和みかも知れない。それでも私たちが、何かきっかけをつかんだのは確かだ。

本章の冒頭に取り上げた『方丈記』の中で、鴨長明は「月日が経ち、何年か過ぎてしまうと、震災から得た無常の体験などすっかり忘れ果て、話題に取り上げる人さえいなくなった」と述べています。しかし、渡辺氏が言うように、私たちが今回の震災で「何かきっかけをつかんだのは確か」です。その「何か」とは、ひとことでいえば、〝震災という〈非日常〉の中に、これまで見えにくかった〈日常〉の大事な点も問題点もあらわれる〟ということではないでしょうか。渡辺氏は、先のエッセイを「荒野に泉が湧くであろう」と未来形で語っていましたが、実際に目撃した私にとって〈湧水〉のイメージは現在形で、きわめて鮮烈でした。

震災直後、家々から出された大型家具など「災害ゴミ」が通りのあちこちにうず高く積まれましたが、そこに大量消費社会の矛盾を見たのは筆者だけではなかったようです。また、多くの個人やグループが遊びをとおして避難所での子ども支援に乗り出したのですが、その1つ、NPO「アフタフバーバン」の佐藤律子さんは「子どもたちが求めているのは、日常の当たり前の生活でした」と話してくれました。

救援物資の停滞や避難所間の格差、障害者や高齢者・赤ちゃん連れに〝冷たい〟避難所の問題、行政による罹災証明や支援の遅れなど、検証すべき問題が噴出しています。また、熊本市民病院の再建案に（全身麻酔で治療ができる）歯科口腔外科の廃止が盛り込まれていることに対し、重度障害児の家族らは存続を強く求めています（『熊日』8月22日）。

臨時避難所となった東海大学阿蘇校舎の体育館では、学生たちが自治組織をつくって住民のために奮闘しましたが、その土台には長年にわたって築かれた学生と住民の信頼関係があったことが忘れられてはなりません。

本稿の最後に、〈災難に遭《あ》い日常を問う〉視点を強調しておきたいと思います。それは、〝どこでも、いつでも起こりうる〟防災・減災への備えだけでなく、日常の生活のあり方が問われているということです。大規模開発に傾斜した「創造的復興」（熊本県の復旧・復興プラン）より、「複雑化し重量化した文明」を見直すような「本来的復興」こそが必要ではないでしょうか。公園の湧水で夢中になって遊んでいた子どもたちの姿を思い起こしながら、「どうやって、子どもに親和的な生活に転換するか」を考え続けています。

7 「3・11」後の「復興教育」の取り組み

本稿で紹介した学生たちの地震体験記は偶発的なものでしたが、7年前の東日本大震災からは画期的な教育実践が生まれています。石巻市立雄勝《おがつ》小学校の教師だった徳水博志さんの『震災と向き合う子どもたち―心のケアと地域づくりの記録』（新日本出版社、2018年2月）です。そこでは血のにじむような試行錯誤と格闘をへて到達した、「子どもの最善の利益」と「地域に根ざした学校」をめざす〈教育のちから〉が実証されています。

熊本地震から半年後、私たちは県民研にお招きした徳水さん（宮崎県都城市出身）から、この著書の原型となる「失ったものの意味付け」「関係性の再構築」「物語化」「被災児童の心のケア」、総じて彼オリジナルの「復興教育」について学びました。「学力向上」路線の元の教育に戻すことではないというその主張は、きわめて説得的で普遍的な意義をもつものです。震災は子どもの権利と地域・教育の再生の契機ともなりました。

おわりに

結愛《ゆあ》ちゃん（5歳・目黒区）、心愛《みあ》ちゃん（10歳・野田市）のあまりに痛ましい虐待死事件のニュースに接しながら、本書の編集は進みました。彼女らを救えなかった日本社会の問題を考えないわけにはいきません。私自身の「責任」についても……。本書表紙の女の子の横顔に、子どもたちの深い悲しみを見ています。

鹿児島と熊本をあわせて36年間に及ぶ大学での研究・教育をしめくくる単著を編集し終えて、ホッとしています。もちろん、これで終わりというわけではなく、これからも在野の研究者・活動家として、命あるかぎり「平和と子どもの幸せ」を求めつづけるつもりです。

過去の単著『子どもの中の力と希望―「子どもの権利条約」がつなぐ子育て・教育・文化―』（1998年）と『子育て再発見―それでもやっぱり、子育ては楽しい―』（2007年）の「あとがき」を読み直すと、当時の勢いとパワーに圧倒され、われながら戸惑いを覚えます。正直なところ、今はあれほどの元気はありません。それだけ世の中も自分も変わってきたのでしょう。しかし、年齢を重ねるにつれ、人間や社会を見る目がより深くなっていることも事実です。

さて、本書のもとになった研究書・月刊誌・報告書等の初出一覧を、以下に記しておきましょう。それぞれ、転載を快諾してくださった関係者・出版社の皆様に心よりお礼申し上げます。転載に当たって、必要な改題・再構成・加筆削除を行いました。

【初出一覧】

第1章　1　熊本近代史研究会「熊本近研会報」第472号、2011年4月1日
　　　2　熊本近代史研究会「第六師団と軍都熊本」熊本出版文化会館、2011年3月
　　　3　「季刊・軍縮地球市民」2006年6月臨時増刊号
　　　4　「くまもと子育て・教育9条の会会報」第48号、2015年3月
第2章　1　寄宿舎教育研究会「障害児の生活教育研究」第22号、2017年3月
　　　2　京都教育センター「季刊ひろば　京都の教育」第192号、2017年11月
　　　3　教育科学研究会「教育」第852号、かもがわ出版、2017年1月
第3章　1　「第3回子どもの権利条約　市民・NGO基礎報告書」2009年2月
　　　2　熊本子育て教育文化運動交流会「子育て交流つうしん」第131号、2009年5月
　　　3　日本生活教育連盟「生活教育」第778号、生活ジャーナル、2013年9月号
　　　4　登校拒否・不登校に学ぶフレンズネットワーク「会報」第221号、2018年7月
　　　5　熊本子育て教育文化運動交流会「子育て交流つうしん」第152号～第154号、2012年～2013年
　　　6　子どもの権利条約市民・NGOの会「通信」第4号～第15号、2015年～2019年
第4章　子どものからだと心連絡会議「子どものからだと心白書」2016年12月。「第4／5回子どもの権利条約　市民・NGO基礎報告書」2017年11月。日本作文の会「作文と教育」第862号、本の泉社、2018年6月

本書の出版に至るこれまでの研究の道程でお世話になった大学の教職員、そのつどいろんなことに気づかせてくれた学生、講演受講者のみなさんすべてに感謝します。人生の支えとなってきた家族（3人の孫を含む）にも……。

また、研究室にこもるタイプにはほど遠く「多動」な私にとって、さまざまな社会的活動への参加は不可欠なものでした。それらの役員・会員として私が受けた教示・刺激・励ましははかりしれません。グループ名を列挙して、仲間のみなさんへのお礼に代えたいと思います（順不同。その後解散したものも含む）。

子どもの権利条約 市民・ＮＧＯの会／子どもの権利条約31条の会／少年少女センター全国ネットワーク／特定非営利活動法人学童保育協会／熊本子育て教育文化運動交流会／しんぐるＰネット熊本／くまもと子育て・虐待防止ネットワーク研究会／登校拒否・不登校に学ぶフレンズネットワークくまもと／子どもの権利を考えるゆるやかな研究会／第58回全国保育問題研究熊本集会実行委員会／平和が一番！東区の会／立憲主義を未来へつなげる大学人の会 くまもと

私にとって、人との〈出会い〉〈つながり〉が生きるエネルギー源です。そこから、山下がプロデューサー・共著者・編集協力者・解説者などになって、本書にも登場する吉野由美・チャーリー（Ｃｈａｒｌｅｓ Ｗａｒｄ）、湯川千恵子・藤原朱美各氏の本も生まれました。これらもまた、本書の土台にあることを特記しておきます。

最後に、きびしい出版業界のもとで本書の企画を引き受けてくださったかもがわ出版、とりわけ温かく的確な助言でゴールに導いていただいた担当編集者の吉田茂さんに格別のお礼を申し上げます。

２０１９年2月14日

山下　雅彦

私のあゆみ　略年表（1953-2019）

山下　雅彦

年	年齢		山下雅彦の出来事	その年の社会の出来事から
1953（昭和28）		11月	高知県土佐清水市宗呂で生まれる	ＮＨＫがテレビ本放送開始 阿蘇山大爆発
1956（昭和31）	3歳	4月	宗呂保育園に入園	「もはや戦後ではない」（中野好夫） 流行歌「若いお巡りさん」
1960（昭和35）	7歳	4月	土佐清水市立宗呂小学校に入学	安保条約反対闘争 だっこちゃん人形が大ヒット
1962（昭和37）	9歳	1月	弟が生まれる ４月　宿毛小学校に転校（３年生）	キューバ危機 流行歌「いつでも夢を」
1966（昭和41）	12歳	4月	私立愛光中学校に入学（中高一貫男子校、松山市）	ザ・ビートルズ来日 「ひのえうま」で出産数激減
1972（昭和47）	18歳	3月	私立愛光高校を卒業 1浪目（豊中市・八尾市）	元日本兵の横井庄一さん帰国 沖縄施政権返還、沖縄県発足
1973（昭和48）	19歳	4月	２浪目（高知市）	オイルショック 流行語「省エネ」
1974（昭和49）	20歳	4月	京都教育大学教育学部教育学科に入学 児童文化研究会「さわらび」に入部	春闘史上最大のゼネスト スプーン曲げの超能力ブーム
1977（昭和52）	23歳	11月	第５回子どもの組織を育てる全国集会（京都）	映画「幸福の黄色いハンカチ」 カラオケ大流行
1978（昭和53）	24歳	4月 11月	東京都立大学大学院人文科学研究科修士課程入学 少年少女組織を育てる全国センター 常任委員	新東京国際空港（成田）開港 ディスコブーム キャンディーズ解散
1981（昭和56）	27歳	9月	結婚（埼玉県上福岡市）	中国残留孤児初帰国 出版『窓ぎわのトットちゃん』
1983（昭和58）	29歳	4月	九州学院大学（現・第一工業大学）の専任講師 霧島女子短期大学非常勤講師	大韓航空機撃墜事件 テレビ「ふぞろいの林檎たち」
1984（昭和59）	30歳	1月 3月	たちばな医療専門学校非常勤講師 長女誕生	１万円・５千円・千円の新札発行 新商品「使い捨てカイロ」
1986（昭和61）	32歳	4月 11月	鹿児島大学非常勤講師 長男誕生	「男女雇用機会均等法」施行 チェルノブイリ原発事故

年	年齢		山下雅彦の出来事	その年の社会の出来事から
1987 （昭和62）	33歳	４月	九州東海大学専任講師	国鉄民営化、ＪＲスタート 出版『サラダ記念日』
1988 （昭和63）	34歳	３月	次女誕生	中国を修学旅行中の高知学芸高生事故 映画「となりのトトロ」
1989 （平成元）	35歳	12月	胃切除手術・入院	ベルリンの壁崩壊 流行語「24時間たたかえますか」（CM）
1990 （平成２）	36歳	４月	父子４人の生活スタート 熊本大学非常勤講師（教養部・医療技術短大部）	大学入試センター試験スタート 女子高生校門圧死事件（神戸）
1991 （平成３）	37歳	５月	熊本子育て教育文化運動交流会発足、事務局長に	湾岸戦争勃発 ソ連崩壊
1992 （平成４）	38歳	４月	九州東海大学助教授 九州東海大学学生相談室長	ＰＫＯ法成立 流行語「きんさん・ぎんさん」
1997 （平成９）	43歳	３月	熊本市立泉ヶ丘小学校ＰＴＡ会長	消費税５％に引き上げ 酒鬼薔薇事件（神戸）
1998 （平成10）	44歳	５月	国連・子どもの権利委員会傍聴（ジュネーブ） ※2010年５月にも傍聴	明石海峡大橋が開通 流行語「環境ホルモン」
2000 （平成12）	46歳	４月	東海大学教授	介護保険制度はじまる 西鉄バスジャック事件
2001 （平成13）	47歳	9月	菊陽子育て・虐待防止ネットワーク研究会発足	小泉内閣「聖域なき構造改革」 附属池田小事件
2008 （平成20）	54歳	４月	東海大学に統合（課程資格センター九州分室長）	リーマンショック 流行語「蟹工船」
2011 （平成23）	57歳	８月	長女、結婚 ※2017年３月に次女、2018年２月に長男も結婚	東日本大震災、福島原発事故 流行語「スマホ」
2012 （平成24）	58歳	４月	ＮＰＯ学童保育協会理事 父、他界	安倍内閣・自公連立政権が発足 流行語「終活」
2016 （平成28）	62歳	４月	熊本地震で阿蘇校舎が壊滅的な被害	熊本地震で死者267名（関連死含む） 流行語「保育園落ちた、日本死ね！」
2019 （平成31）	65歳	３月	東海大学定年退職 東海大学名誉教授	

山下　雅彦（やました まさひこ）プロフィール

1953年、高知県生まれ。京都教育大学教育学部教育学科卒業、東京都立大学大学院人文科学研究科修士課程修了。

専門は、教育学・社会教育学、子ども・子育て論。

東海大学名誉教授(2019年４月より)。子どもの権利条約市民・ＮＧＯの会専門委員、子どもの権利条約31条の会会員、学童保育協会理事、くまもと子育て・虐待防止ネットワーク研究会代表、登校拒否・不登校に学ぶフレンズネットワークくまもと顧問、平和が一番！東区の会代表、立憲主義を未来へつなげる大学人の会くまもと世話人。

主著に『子どもの中の力と希望―「子どもの権利条約」がつなぐ子育て・教育・文化―』（ミネルヴァ書房、1998年)、『子育て再発見―それでもやっぱり、子育ては楽しい―』（ミネルヴァ書房、2006年)、『子育てにマニュアルなし！』（正／続、共著。かもがわ出版、2004年／2009年)、『みんなで希望の子育てを』（ブックレット、私家版、2007年）『うばわないで！子ども時代―気晴らし・遊び・文化の権利（子どもの権利条約第31条)』（共著。新日本出版社、2012年)、『遊びをつくる、生活をつくる。―学童保育にできること―』（共著。かもがわ出版、2017年)、『ゆっくりしたい！　あそびたい!!　遊びと文化と自由な時間』（共著。Art.31、2018年)。その他、企画・編集協力・解説を担当したものに、藤原朱美著『わたしの愛しい子どもたち―朱美先生の子どもエッセイ―』（本の泉社、2018年）がある。

［文中写真］山下雅彦
［組版］　　東原賢治
［装丁］　　菅田　亮

平和と子どもの幸せを求めつづけて
――困難な時代に子育て・教育の希望をさぐる――

2019年４月20日　　第１刷発行

発行者／竹村正治
発行所／株式会社　かもがわ出版
〒602-8119　京都市上京区堀川通出水西入
☎075(432)2868　FAX 075(432)2869
振替　01010-5-12436
印　刷／シナノ書籍印刷株式会社

ISBN978-4-7803-1020-7 C0037